돈의 심리학

Money가 뭐니?

돈의 심리학
Money가 뭐니?

초판 1쇄 발행 2023년 11월 30일

지은이 임정희, 남궁청완, 박송인, 이선희, 정창교, 김남선, 이영권, 한숙희, 이현준
펴낸이 장길수
펴낸곳 지식과감성#
출판등록 제2012-000081호

교정 김서아
디자인 서혜인
편집 서혜인, 김초롱
검수 이주연, 이현
마케팅 김윤길

주소 서울시 금천구 벚꽃로298 대륭포스트타워6차 1212호
전화 070-4651-3730~4
팩스 070-4325-7006
이메일 ksbookup@naver.com
홈페이지 www.knsbookup.com

ISBN 979-11-392-1455-0 (03810)
값 16,700원

- 이 책의 판권은 지은이에게 있습니다.
- 이 책 내용의 전부 또는 일부를 재사용하려면 반드시 지은이의 서면 동의를 받아야 합니다.
- 잘못된 책은 구입하신 곳에서 바꾸어 드립니다.

지식과감성#
홈페이지 바로가기

임정희　김남선
남궁청완　이영권
박송인　한숙희
이선희　이현준
정창교

돈의 심리학

Money가 뭐니?

지식과감정

목차

출간에 부쳐　6

임정희	돈이 말한다. "양날"의 "검(劍)"이라고…	8
남궁청완	삶의 과정이 행복인 것을…	40
박송인	돈에게 돈을 묻다	76
이선희	돌이켜 봐도 후회 없는 내 인생	100
정창교	묻지 마 폭행 이어지는 위험 사회, 누가 돈의 주인인가?	122

김남선	돈에 울고, 돈에 웃고, 돈에 대하여	146
이영권	돈 워리 비 해피(돈 Worry Be Happy!)	170
	- 돈 뒤에 숨은 자존감을 찾아라!	
한숙희	부자가 되기에 아직 늦지 않았다	196
이현준	청빈과 청부	218

에필로그   234

• 출간에 부쳐 •

"삶은 소유물이 아니라 순간순간에 있음이다.
영원한 것이 어디 있는가
모두가 한때일 뿐…
그러나 그 한때를 최선을 다해
최대한으로 살 수 있어야 한다.
삶은 놀라운 신비요 아름다움이다."

- 법정스님 -

어느 날 지인이 카톡으로 보내 준 세상을 먼저 살아 본 92세 할머니의 뼈 있는 인생 조언이 마음 한편에 남는다.

야야! 너 늙으면 젤루 억울한 게 뭔지 아냐?
주름? 아녀. 돈? 그거 좋지. 근데 그것도 아녀.
이 할미가 진짜 억울한 건, '나는 언제 한번 놀아 보나.'
그것만 보고 살았는데. 지랄, 이제 좀 놀아 볼라치니 다 늙어 부렸네.
.
.
중략
이제 보니께 웃는 것을 미루면 돈처럼 쌓이는 게 아니라 다 사라지고 없더란 말이여. 사람들은 행복을 적금처럼 나중에 쓸 거라 생각하는디.

그런 일은 절대 일어나지 않으니께. 그냥 하루하루를 닥치는 대로, 즐겁고 행복하게 웃으며 사는 것이 최고의 삶이란 말이여! 훗날 후회하지 말고. 돈만을 추구하며 살고 있는 현대인들에게 죽비와 같은 내용이다.

사람들은 눈에 보이는 게 전부인 것처럼 산다. 그리고 보이는 것을 비교하고 부러워하며 그것을 얻으려 집착하며 어리석은 판단과 행동으로 인생을 지옥처럼 산다. 하지만 살아 봐서 알겠지만 눈에 보이는 게 전부는 아니다. 세상에 영원불변하고 고정불변한 것은 없다.

돈, 부자, 성공이라는 단어가 늘 마음 한편에 머무는 독자들에게 잠시 자연을 예시로 이해를 구해 본다. 꽃나무들은 현재의 순간에서 최선을 다해 꽃물을 길어 올려 꽃을 피운다. 마야 안젤루는 "인생은 숨을 쉰 횟수가 아니라 숨 막힐 정도로 벅찬 순간을 얼마나 가졌는가로 평가된다."라고 말했다. 필자도 같은 생각이다. 독자들에게 묻고 싶다. 숨 막히게 사랑과 감동한 순간이 얼마나 많았는지? 그 순간들을 사는 데 너무 늦은 때는 없다. 이제라도 돈에 대한 새로운 시각으로 다시 인생의 봄을 맞아 자신의 삶을 후회 없이 사랑하길 바란다.

이번 공동 집필에 참여하신 저자님들은 전문 분야에서 왕성한 활동을 하시는 분들로 그간의 삶 속에서 경험한 돈에 대한 견해가 진솔하게 담겨 있다. 이 책의 출판을 위해 함께해 주신 9명의 저자님과 남다른 관심으로 수고하신 지식과감성#의 모든 분께 큰 감사를 드린다.

- 대표 저자 임정희 박사 외 9명 dream

돈이 말한다. "양날"의 "검(劍)"이라고…

- 임정희

임정희

이메일: lih9922@naver.com
블로그: https://blog.naver.com/lih9922

학력

- 사회복지 석사
- 상담심리치료 박사(PHD)

경력

- 現) 인천동구노인인력개발센터장/한국인성교육실천협회장, 한국전문상담학회전임교수 및 임상감독/[휴먼스쿨]심청이마음학교ZOOM 아카데미 교장/여기스터디평생교육원교수/부부상담전문가/내면아이치유전문가/에니어그램임상전문가/생애설계, 전직지원상담전문가/인문학, 자살예방, 생명존중, 웰다잉전도사/공공기관 NCS 블라인드전문 면접관, 인사위원/한국미술협회회원/인천역시초대작가
- 前) 5대인천동구의회의원/어린이집원장/임정희심리상담센터장/동그라미요양보호사교육원원장/한국사이버대학교특임교수·한국방송통신대학교 등 강사 역임

자격

- 사회복지사/평생교육사/청소년지도사/생활스포츠지도사/보육교사/직업능력개발훈련교사 4종(사회복지, 청소년지도, 보육, 평생직업교육)/심리상담사/진로상담사/커리어컨설턴트/창직컨설턴트 등 국가 및 민간자격 65종

박사학위 논문

- 〈중년 남성의 은퇴 이후 심리경험과 사회적응 과정에 관한 현상학 연구 - 현실치료 적용〉

출간

- 『재취업전직지원서비스 효과적 모델』
- 『신중년 도전과 열정』
- 『언택트 시대를 주도하는 나는야, 6학년 핑크펭귄』
- 『무심에서 감성으로1(일상이 시가되다)』
- 『무심에서 감성으로2(마음에 핀 꽃)』
- 『무심에서 감성으로3(꽃보다 감성)』
- 『나를 알고 너를 담는다(13명의 에니어그램 실용서)』
- 『나를 살린 자기사랑 테라피1』 춤 테라피
- 『나를 살린 자기사랑 테라피2』 사진테라피
- 『모두가 사랑입니다』 개인 시집
- 『지구별 소풍과 귀천.(웰다잉 총서)』
- 『내면의 평화를 위한 화해와 용서』
- 『돈의 심리학(money가 뭐니?)』

발표

- 개인전(서양화) 5회, 모노드라마 1회

"양날의 검"은 나에게 이익이 될 수도 있지만, 반대로 나에게 큰 해를 입힐 수도 있는 상황이나 도구 등을 인용할 때 많이 쓰는 말이다. 즉, "양날의 검"은 긍정적인 측면과 부정적인 측면을 동시에 갖고 있다는 말로 해석되며 장점과 단점을 모두 갖고 있기 때문에 잘 사용하면 매우 유용하지만 잘못 사용하거나 어설프게 사용하면 오히려 자신에게 독이 될 수도 있는 것이다. 돈이 그렇다.

돈의 일면에는 적절한 수준의 재정 상황을 유지하게 되면, 물질적인 풍요와 안정을 느낄 수 있어 삶의 질을 높이고 일상적인 걱정과 스트레스를 감소시키면서 삶을 위한 투자, 교육, 여행 등과 같은 경험의 기회를 제공받을 수 있다. 이러한 경험은 우리가 새로운 것을 배우며 성장할 수 있기에 일상생활에서 행복감을 높여 준다.

반면 오로지 돈만을 추구하다 보면, 사랑하는 가족이나 친구, 주변인과의 관계가 악화되어 돈 때문에 상처받고 상처 주는 일이 많아진다. 돈에 얽혀 생긴 상처는 칼에 베인 듯이 아프다고 하지 않던가. 또한 바삐 사느라 자신의 감정을 돌보지 못해 사회적 고립과 불안감을 안고 살아가며 건강이나 가치 관념을 소홀히 하여 건강, 즐거움, 여유를 잃어버려 우울, 스트레스 등의 문제가 발생할 수 있다. 과거와 달리 현대는 물질만능 사회로 돈으로 인한 욕망이 계속 증가하고, 그 욕망을 충족시키기 위해 돈이 생기는 일이면 아무리 어렵고 위험한 일이라도 무모하게 덤비는 행동을 하면서 법적인 문제(범죄)로 파국을 맞기도 한다. 부디 톨스토이 동화, 어리석은 농부가 되지 않기를.

1. 도대체 돈이 뭐기에!

돈은 '돈 전(錢)'이라는 한자로, 金: 쇠(금속) 금 변에 戔: 쌓을 전, 금속(金)인데 차곡차곡 쌓아(戔) 놓는 것이 '돈 전'이라는 한자로, '돈'을 표기하고 있다. 그리고 돈(영어: money) 또는 금전(金錢)은 일반적인 유통 수단에 불과하다. 돈은 사물의 가치를 나타내며, 상품의 교환을 매개하고, 재산 축적의 대상으로도 사용하는 물건이다. 그런데 돈이 뭐기에 세상은 요지경이 되고, 인간이기를 거부하는 행동을 서슴지 않는 행태를 우린 종종 볼 수 있다.

독자에게 묻고 싶다. 무엇인가 소중한 것을 잃고 나서 후회한 적이 없는지? 그때 욕심과 집착을 하지 않았다면 오늘이 고통스럽지는 않았을 텐데… 하고 말이다. 아마 인간이기에 탐욕, 과욕으로 돈이 내 손안에 있을 때는 그것의 귀함을 모르다가 다 잃어버리고 나서야 '아, 그러지 말았어야 했는데.' 하는 아쉬움으로 반성하게 되는 순간이 생기는 것 같다.

사람이란 항상 현재 상황이 영원할 것처럼 과신하는 경향이 있다. 그러나 책을 읽을 때 너무 눈앞에 바짝 대고 읽다 보면 무슨 글씨인지 알 수 없듯이 소중한 것들도 너무나 가까이 있으면 느끼지 못한다. 때로는 내 주위 모든 것에서 잠시 한 발짝 떨어져 마음의 눈이 가려지지 않는 상태로 있어야 한다. 그래야 소중한 것을 쉽게 발견하고, 잃고 난 뒤 아쉬운 미련에 매달리는 일과 바라는 일을 어쩔 수 없이 떠나보냈을 때 마음의 상처가 크지 않는 지혜로움을 갖게 될 테니 말이다. 이 글을 읽는 독자는 지혜로움을 간직하길 바란다.

이 세상 모든 일은 생각하기 나름이고, 마음먹은 정도에 달려 있다고 하지 않던가. 즉, 이 세상의 모든 일은 내가 생각하기에 따라, 마음먹은 대로 되기도 하고, 안 되기도 한다. 다시 말해, 일체유심조(一切唯心造)이다. 일체유심조는 원효대사께서 깨달음을 얻은 불교 사상으로, 한자로 풀이하면 一(한 일) 切(온통 체) 唯(오직 유) 心(마음 심) 造(지을 조)로 "모든 것은 오직 마음에서 지어내는 것"이라는 말로 초기 대승 불교의 핵심 경전인 『화엄경』(華嚴經)에서 유래한 말로 더럽고 추하거나 아름답다고 하는 것은 모두 인간의 마음이 만들어 내는 것이라는 것이다.

또한 데카르트는 "나는 생각한다. 고로 존재한다."라고 하였다. 이는 사람의 위대함은 생각하는 능력에서 나온다는 것을 강조하는 말이다. 내 인생의 목적지, 진정한 나의 행복을 위해 나의 삶의 방법과 돈에 대한 가치관을 곰곰이 생각해 보자. 사람답게 살고 있는지, 그러기 위해서는 내 삶의 방법이 올바르게 정립되어 있는지? 한평생 후회 없이 소중한 나를 위해 열심히 가꾸고 보살폈는지를 냉정하게 분석하고 정리해 보자.

말 그대로 깊은 성찰과 생각의 정립으로 나의 행복이 만들어질 것이다. 즉, 올바른 생각과 성찰이 내 인생 행복의 전환점(Turning point)이 될 것이다. 적어도 자신의 소중한 일생을 돈만을 위한 일꾼으로 살다 가진 않겠지!

2. 환경이 만든 money mind

 필자는 "심청(心聽)이"라는 애칭으로 활동하고 있는 심리상담사이다. 심리학에서 학자별 이론을 통해 본 공통적 견해는 어린 시절의 경험이 그 사람의 삶에 영향을 미친다는 것이다. 물론 성격(기질)적인 측면도 있으나 환경적인 영향도 매우 크게 작용한다. 필자의 경험으로도 공감하는 내용이다.

 직업상 만난 내담자의 다수는 어린 시절 가난으로 인한 설움을 경험한 사람들로, 주된 문제는 돈이 없어 오는 불행함이 아니라 열등감이었다. 이들은 열등감의 노예로 살면서 자신을 왜소하고 열등한 존재로 느끼며 돈만 있으면 자신도 행복할 수 있다고 생각했다. 그리고 지나친 열등감은 그들이 자신의 삶에 대해 충분히 준비하지 못했단 생각을 갖게 만들며 반사회적 태도를 취하거나 병적인 권력욕과 우월 욕구를 갖고 살게 했다.

 이들의 특징은 이러한 욕구를 확보하려고 과도한 행동을 취하며 오직 자신의 위치를 확보하는 데만 급급해 공동체감이 결여되어 있었고 허영심, 교만 그리고 타인을 압도하려는 적대감을 갖고 있다는 것이다. 인간은 "사회적 동물"이기 때문에 각양각색의 사람들이 다양한 생각을 가지고 살고 있고, 이러한 사람들이 사는 사회 속에서 개인은 타인의 존재를 항상 인지하며 살아갈 수밖에 없다. 이 과정에서 사람들은 타인으로부터 자신의 장단점을 발견하게 되기 때문에 열등감이 생기는 것은 당연하다.

이들은 자신이 갖고 있는 것을 귀하게 여기는 방법을 모르고 없는 것을 가지려고 하며 불평불만이 심한 편이다. 즉 자신의 삶에 주인 의식이 없다. 일확천금을 꿈꾸며 복권을 구매하고 도박을 하기도 한다. 성인이 되어 결혼 후에도 일중독에 빠져 가족을 돌보지 않으며 자기혐오에 빠져 알코올 중독자로 살아가기도 한다. 로또 복권을 맞아 행복해진 사례와 불행해진 사례를 우리는 많은 보도를 통해 잘 알고 있다.

윗글에서 언급한 이상 심리를 갖게 되는 이유는 다양하다. 예를 들어, 어린 시절의 심리적 외상, 가정 내 갈등, 직장 내 스트레스, 인터넷 및 스마트폰의 과도한 사용 등이 모두 이상 심리를 유발할 수 있다. 이상 심리는 자신의 감정을 인지하지 못하고, 자신의 감정을 표현하지 못하며, 다른 사람과의 대인 관계에서 문제가 발생할 수 있다. 이러한 문제를 해결하기 위해서는 자신의 감정을 인지하고 인식하여, 다른 사람들과의 대인 관계를 개선하는 것이 중요하다. 이를 위해서는 전문가의 도움을 받거나, 꾸준한 자기 관리와 성찰이 필요하다.

지나친 돈에 대한 집착으로 인한 이상 심리로 주변인들로부터 지탄받는다면 어린 시절 심리적 외상은 없었는지, 다각도로 원인을 살펴보기를 권한다. 그리고 로맹 롤랑의 말처럼 "언제까지고 계속되는 불행은 없다. 가만히 견디고 참든지 용기를 내어 쫓아 버리든지 이 둘 중의 한 가지 방법을 택하라."라고 전하고 싶다.

3. 돈 때문에 울고 웃는 세상

"돈이란 바닷물과도 같다.
그것은 마시면 마실수록 목이 말라진다."

- 쇼펜하우어 -

1) 돈의 노예로 사는 사람

　돈의 노예가 된다는 것은 무슨 의미일까? 니체는 "돈은 인간을 자유롭게 하지만 지나친 재산은 사람을 노예로 만들곤 한다."라고 했다. 돈의 노예가 되어 가는 사람의 공통점은 누가 보더라도 꽤나 부유하게 살면서도 '돈, 돈, 돈'을 외치는 사람들이다. 이들은 많은 부를 쌓았으면서도 더 많은 부를 쌓기 위해 고심하고 있는 사람들로, 하나의 공통점은 돈을 위해 많은 다른 것을 희생시키는 야누스의 얼굴을 가지고 있다는 사실이다.

　우리는 사는 동안 돈에 집착하다 인생을 망친 사람을 주변에서 쉽게 찾아볼 수 있다. 몇몇 재벌가의 불행한 흔들림을 보았고, 부적절한 방식으로 재산 증식을 했다는 이유로 평생 쌓아 온 직위에서 물러나는 유명인들의 안타까운 모습과 지독한 가난을 경험하고 꼭 돈을 많이 벌어 성공하고자 하는 열망에 자신의 건강을 잃어버려 요절한 사람을 보았다.

　일례로 2012년 10월 18일 40세를 일기로 유명을 달리한 싱가포르 의사 리차드 테오 컹시앙 씨를 소개한다. 유복하지 않은 어린 시절을 보낸 그는 '성공해야 행복하다. 성공이란 곧 부자가 되는 것'이라고 철석같이 믿고 자랐다고 한다. 가난에서 벗어나 부자가 되고 성공해서 행복해지기 위해 그는 매사에 경쟁적인 태도를 취하면서 공부도, 운동도, 각종 경시대회도 모두 1등을 해야 직성이 풀렸다. 앞만 보고 달린 끝에 의대를 우수한 성적으로 졸업하고 안과 의사가 된 테오 씨는 의료 기기와 레이저 분야에서 특허를 두 개나 보유하게 됐지만 만족할 수 없었다고 한다.

안과 진료로는 그가 바라던 만큼의 돈을 벌지 못했기 때문에 불만족스럽던 중에 눈을 돌린 게 성형외과였다. 사람들은 몸이 아파서 병원에 갈 때는 20싱가포르 달러(약 1만 7,000원)도 쓰기 아까워하지만, 지방 흡입이나 성형 수술에는 1만 싱가포르 달러(약 854만 원)도 턱턱 쓰는 것을 보고 성형외과로 전공을 바꿨다.

그럭저럭 먹고살 정도의 돈을 벌던 안과의 시절에 비해 성형외과의가 되자 수입이 엄청나게 늘었다. 병원에는 환자가 줄을 섰고 얼마 지나지 않아 '원장'이 된 그는 의사 네 명을 더 고용하고 스포츠카를 수집하는 취미도 생겼다. 스포츠카 애호가 모임에 가입해 주말마다 레이싱을 하거나 각계각층 유명 인사들과 파티를 즐기는 화려한 인생이 시작됐다. 말 그대로 보통 사람들이 추구하는 인생 최고 정점을 경험하게 되었다.

그런 그가 2011년 폐암 말기 선고를 받게 되고, 이후 그는 젊은 의학도들 앞에서 자신의 '잘못된' 삶을 돌아보며 강의를 한 내용이 유튜브에 올라온 뒤 많은 사람들이 보고 "내 인생 최고의 강의", "당신은 많은 사람들의 마음을 움직였다", "놀라운 강의"라는 댓글이 달렸다. 그는 강의에서 젊은 시절부터 지금까지 자신은 현대 사회가 만든 전형적인 상품이었다며 자신이 가진 어떤 것도 자신을 기쁘게 하지 못했고 지난 10년 동안 자신이 소유한 어떤 것도 단 한순간 위로를 주지 못했다고 한다.

그는 강연장에서 후배들에게 "여러분은 놀랄 만한 돈을 벌 것이고 부자가 되고 성공할 것이다. 그것이 잘못된 것은 결코 아니다. 단 하나 문제가 있다면 많은 사람들이 자신처럼 얻는 부를 다룰 능력이 없다는 것이다."라며 자신은 오로지 성공에만 매달렸고 다른 것은 아무것도 중요하지 않았으며 환자는 돈벌이의 수단일 뿐이었고, 환자들로부터 1원이라도 더 쥐어 짜내기 위해 노력했다며 눈시울을 붉혔다.

우리는 대부분의 시간을 주위로부터 도움을 받으며 살아가고 있다는 것을 잊고 산다. 그로 인해 우리는 자신밖에 모르고 다른 사람을 돌보는 데 관심이 없고 자신이 그랬다고 한다. 그는 『모리와 함께한 화요일』이라는 책에 있는 글로 강의를 마무리하면서 "우리에게 사회가 원하는 삶을 살지 마십시오. 미디어가 하는 말대로 살지 마십시오. 자신이 어떻게 살 것인지 스스로 결정하시길 빕니다."라며 귀한 교훈을 남겼다.

> "사람은 죽는다는 사실을 누구나 알고 있지만
> 아무도 자신이 죽는다는 것을 믿지 않는다.
> 만약 죽는다는 사실을 받아들인다면
> 우리는 전혀 다른 사람이 될 겁니다."

돈에 한번 눈이 멀면 돈의 노예가 되어 삶의 방향을 잃게 된다. 돈에 집착하게 되면 좀 더 나은 삶을 보장하는 수단이 목적으로 변하게 된다. 돈이 없으면 아무것도 할 수 없지만, 그렇다고 해서 돈이 인생의 전부는 아닌 것이다.

어느 삶이, 어느 삶의 태도가 바람직하거나 옳은 삶이라고 정의할 수 없고 부유한 삶이 가난한 삶보다 편한 건 맞지만 아이러니하게도 돈이 어느 정도 많아지면 만족해야 하는데 자꾸 더 벌려고 한다. 한 내담자는 그렇게 살다 보니 내가 무슨 앵벌이 생활을 하나 생각하다가도 더 버는 맛에 빠져 스스로 '더, 더~'를 외치게 된다고 했다. 다행히 이를 깨닫고 그 함정에서 빠져나오는 사람도 있지만, 대다수의 경우는 자기 합리화 증후군에 빠져 그런 삶이 행복 공식이라고 자아도취에 빠지기도 한다.

이들에게 질문하고 싶다. 나중에, 나중에 하다가 삶을 마무리할 때 후회하면 무슨 소용 있는가? 돈의 노예로 살다가 언제 한번 돈의 주인이 돼 볼 것인가? 쓰지도 못하고 이 세상을 떠날 경우 부자도 아니고 돈의 노예였을 뿐인데,라고 후회만 할 것이 분명하다. 진정으로 삶을 즐기고 싶다면 돈을 부려야지 돈의 노예가 되어서는 안 된다.

> "돈과 쾌락 혹은 명예를 사랑하는 사람은
> 남을 사랑하지 못한다."
> — 에픽테토스 —

2) 돈의 주인으로 사는 사람

> "성공해서 만족하는 것이 아니다.
> 만족했기 때문에 성공한 것이다."
>
> - 알랭 -

'3걸3사3기'라는 말이 있다. 3기는 버리기·줄이기·나누기다. 삶에 있어 중요한 자세로 보인다. 욕심을 버리고, 가진 것을 줄이고, 이웃과 나누며 살아야 한다는 것. 가짐보다 쓰임이 더 중요하고 더함보다 나눔이 더 중요하고 채움보다 비움이 더 중요하다는 것을 실천한 알려진 몇 분을 소개하고자 한다.

① 8,100억 원 환원 홍콩 배우 주윤발
전 재산 사회 환원을 약속한 그는 "내게 필요한 건 쌀밥 두 그릇뿐"

올해의 아시아 영화인상을 수상한 주윤발은 2010년 "사후에 전 재산의 99%를 기부하겠다."라고 약속했고, 2018년 이 약속을 재확인했을 때 그의 재산은 56억 홍콩 달러였다. 현재 우리 돈으로 환산하면 약 8,100억 원이다. 그는 평소 버스와 지하철을 애용하고 서민 식당을 즐겨 찾는 걸로 유명하다. 노점상을 하는 홀어머니 밑에서 공장 직원, 우편배달부 등을 하다 영화계 큰 별이 된 그의 인생 역정은 홍콩 교과서에도 실렸다. "세상에 올 때 아무것도 안 가지고 왔으니 갈 때도 아무것도 안 가져도 된다."라는 말에 필자는 프란체스코 교황의 "이 세상에 내 것은 하나도 없다."라는 말이 상기되었다.

② 500억 기부한 91세 배우 신영균 "내 관에 성경책만 넣어 달라"
"91년 영화 같은 삶 후회는 없다, 남은 것 다 베풀고 갈 것"

"이제 내가 나이 아흔을 넘었으니 살아 봐야 얼마나 더 살겠습니까. 그저 남은 거 다 베풀고 가면서 인생을 아름답게 마무리하고 싶어요. 나중에 내 관 속에는 성경책 하나 함께 묻어 주면 됩니다." 원로 배우 신영균(94세) 씨가 인생의 말미에 띄우는 편지다.

1960~70년대 한국 영화계를 이끈 그는 최근 중앙일보와 만나 "앞으로 남은 재산을 사회에 환원하겠다."라는 뜻을 분명히 했다. 아직 구체적 계획까지 세우진 않았지만 "영화계 지원과 후배 육성에 더 많은 관심을 갖겠다."라고 말했다. 연예계 최고의 자산가 신영균 씨는 '노블레스 오블리주'의 상징으로 꼽힌다. 2010년 명보극장(명보아트홀)과 제주 신영영화박물관 등 500억 원 규모의 사유 재산을 한국 영화 발전에 써 달라며 쾌척해 화제가 됐다. 모교인 서울대에도 시가 100억 원 상당의 대지를 발전 기금으로 기부했다. 배우 최고의 인기를 누렸던 60~70년대에 많게는 1년에 30편씩 영화를 찍어 가며 모아 온 재산이다.

③ 카이스트에 766억 기부한 이수영 회장

그의 거액 기부는 우연한 계기로 이뤄졌다. 독신이던 그는 2000년 미국 건물을 구매하는 과정에서 매매 계약서에 피상속인을 쓰지 않으면 사후 국고로 귀속된다는 것을 알고 고민했고, 우연히 서남표 당시 KAIST 총장이 TV에서 "국가 발전에 과학 기술의 힘이 중요하다."라고 강조하는 것을 보고 기부를 결심했다고 한다. 이후 2012년 KAIST에 80억 원

유증(遺贈·유언을 통한 재산 기부)계약을 시작으로 이듬해 KAIST 발전재단 이사장을 맡았으며 오늘날 '이수영 과학교육 재단' 설립 추진을 통한 본격적인 과학 인재 양성으로 이어지고 있다.

이 회장은 "매일 치열하게 살며 평생 안 쓰고 열심히 모은 재산을 어떻게 할 것인가에 대해 많은 고민을 했다."라고 한다. 그 결과 "우리나라 대한민국 과학 교육 발전에 이바지하는 것이 국가와 국민을 위해 제가 할 수 있는 일이라는 결론에 도달했다."라며 "대한민국의 발전상을 일선 현장에서 직접 겪으며 일찍이 과학 발전이 곧 국가의 발전이라는 걸 알게 됐다.", "교육열은 훌륭한 인재를 통해 우리나라가 세계를 선도하는 위상으로까지 발전하는 중요한 강점이다."라고 덧붙였다.

이 회장은 2012년~2020년 세 차례에 걸쳐 한국과학기술원(카이스트) 766억 원을, 지난해 서울대 의대 내과학교실에 기금 1억 원을 기부했다. 지난해엔 이 회장의 이름을 딴 재단법인 이수영과학교육재단이 설립되기도 했다. 공시에 따르면 지난 9월 기준 이수영과학교육재단의 총자산은 약 17억 원에 이른다. 이 회장은 현재 서울대 법대 장학 재단과 카이스트 발전재단 이사장도 맡고 있다.

④ '책임지는 부자'라는 회사와 단체를 결성해 자선 사업에 힘을 쏟은 영화배우 폴 뉴먼

2008년 9월 83세로 타계한 유명한 미국의 명배우 폴 뉴먼은 사후 많은 보도 자료에 그의 배우로서의 업적보다는 폴 뉴먼이라는 사람 그 자

체를 조명하고 있었다. 50여 년 동안의 결혼 생활 속에서 아내에게는 신뢰할 수 있는 남편, 자녀들에게는 자상한 아빠, 친구들에게 친절하고 헌신적이었던 사람으로. 그리고 마지막으로 남모르게 수십 년간 행해 왔던 자선 사업가로서 기사가 찬란하게 그를 빛내고 있었다.

특히 1980년도에 세운 유기농 샐러드 식품 생산기업, 뉴먼즈 오운(Newman's Own)을 통해 얻어진 모든 수익금(약 2억 5,000만 달러)을 의료 연구, 교육 사업, 환경 운동 등에 기부하고, '산골짜기 갱단 캠프'라는 프로젝트를 통해 미주 31개 주, 전 세계 28개 국가의 난치병 아동들을 소리 없이 도와왔다는 기사와 함께 진정한 '노블레스 오블리주'의 모델로 그를 칭송하고 있었다.

프랑스 실존주의 철학자 사르트르가 "인생은 Birth와 Death사이의 Choice다."라고 한 말이 생각난다. 삶에서 누구도 피할 수 없는 것이 탄생(Birth)과 죽음(Death)이다. B와 D는 우리가 바꿀 수 없는 상수지만 C, 즉 선택(Choice)은 변수이다. 삶에서 해 왔던 수많은 선택은 욕구나 가치관에 따라 다를 것이고, 그 순간의 선택이 현재의 나를 만들어 왔을 것이다. 그리고 현재 나의 선택은 미래의 내 운명을 결정짓는다.

94세를 일기로 세상을 떠나신 한원주 원장이 세상에 남긴 말은 "힘내, 가을이다. 고맙다."였다. 끝까지 타인을 배려하는 말씀을 남기고 타인에게 큰 울림을 주고 떠나셨다. 그 어떤 유산보다도 값지고 어마어마한 것을. 그의 유언을 듣고 '나에게~~' 했다면 당신은 돈의 노예이다. 나는 평생을 이웃을 위해 봉사하고 나누신 그분의 삶이 가장 큰 부자의 전형, 돈의 주인이셨다고 여긴다.

그분은 적어도 잘할 걸, 그렇게 할 걸, 참을 걸이라는 '3걸'의 회한은 남기지 않았다. 한 인간이 타계한 후에 그를 평가하는 잣대가 그의 성취, 명성, 권력, 금력이 아니라 그 사람의 삶의 향기를 통해 남은 사람들의 환한 미소와 갈채일 것이다.

4. 돈! 통합 예술로 말하다

  필자는 통합 예술 치료로 내담자의 회복과 치유를 돕고 있다. 인생은 통합 예술이다. 마음 챙김의 시 중에 소리 내어 말해진 모든 단어들은 사실 공기의 떨림에 불과하며 어떤 공기의 떨림들은 모여서 시가 되고 노래가 된다고 한다. 필자는 시와 노래뿐 아니라 글, 그림, 동화, 영화, 연극 등 모든 예술 장르가 된다고 본다.

  특히 음악 치료의 일환인 대중가요가 인간에게 미치는 영향은 다양하다. 대중가요는 특별한 감정과 연결되어 있다. 우리가 좋아하는 노래를 들으면 기분이 좋아지거나, 힘이 나는 등 감정적인 반응이 일어날 수 있고, 다양한 문화적 요소를 표현하고 융합하는 데 기여하며, 다양한 음악 장르와 스타일을 통해 전 세계의 다른 문화를 경험하고 이해할 수도 있다.

  또한 사회적 문제들에 대한 의식을 높이는 데 도움을 줄 수 있고 가사를 통해 사회 문제를 다루거나, 정치적인 메시지를 전달하기도 하며 사람들 간의 공통 관심사를 형성하고, 음악을 통한 소통과 공유를 촉진한다. 이를 통해 사람들은 서로를 이해하고 연결할 수 있으며 마음을 안정시키고 긍정적인 감정을 유발할 수 있어, 일상생활에서의 스트레스를 완화하는 데 도움이 되는 매체로 우리의 삶에 깊은 영향과 감정적인 면이나 문화적인 측면에서 인간을 풍요롭게 만들어 준다.

통합 예술 매체 중 대중가요 속 돈의 심리에 대한 노래 몇 곡을 소개한다.

① ABBA의 「Money, Money, Money」

아바의 40년 전에 발매된 올드팝 「Money, Money, Money」라는 노래 가사를 보면 돈에 대한 우리들의 보편적인 생각들이 많이 포함되어 있다. 잠시 살펴보면 아래와 같다.

I work all night, I work all day, to pay the bills I have to pay
나는 매일 밤, 매일, 내가 갚아야 하는 돈을 벌기 위해 일을 해야 해
Ain't it sad
슬프지 않나…
And still there never seems to be a single penny left for me
아직도 나에게는 남겨진 돈이 하나도 없는 것 같아…
That's too bad
너무 슬프다…

이 노래가 대중에게 인기가 있었던 이유는 본인들은 밤낮없이 힘들게 일하지만 빈부의 격차가 점점 벌어지면서 여성이 부자가 되고 싶어 부자 남자를 만나러 라스베이거스에 가고 싶다는 가사를 담고 있기 때문이다.

물론 자본주의 사회에서 돈 없이는 할 수 있는 것이 아무것도 없다. 인간은 소비하며 살아가기 때문에 죽지 않는 이상 꼭 필요한 생명 같은 대

체제이다. C 힐티는 "미래는 일하는 사람의 것이다. 권력도 명예도 일하는 사람에게 주어진다. 게으름뱅이의 손에 누가 권력이나 명예를 안겨줄까?"라고 동기 부여 하지만 한 달을 열심히 일하고 받은 급여 통장은 하루가 지나지 않아 '텅장'으로 변하는 현실의 애잔함이 담고 있다. 필자가 독자들에게 당부하고 싶은 것은 돈을 많이 벌어 풍족하게 살며 베푸는 것은 좋지만 한탕주의나 돈의 노예가 되는 것은 불행한 일이므로 소박한 생활로 현실 만족을 위한 마음가짐을 통해 돈의 노예가 되지 않길 바란다는 것이다.

② 「Don't worry, be happy!」

「Don't Worry, Be Happy」는 바비 맥퍼린이 1988년에 발표한 아카펠라 송으로 "걱정하지 말고 행복해지세요."라는 의미를 담고 있다. 살다 보면 문제란 있기 마련인데 그때마다 찌푸리고 고민하면 자신의 기분은 물론이고 다른 사람 기분도 덩달아 우울해지고, 문제는 점점 커지게 되니 고민을 털어 내고 웃자는 내용을 담고 있다.

티벳 속담에 "걱정을 해서, 걱정이 없어지면, 걱정이 없겠네."라는 말이 있다. 우리가 하는 걱정거리의 96% 쓸데없는 것이고 한다. 40%는 절대 일어나지 않은 사건들에 대한 것이고, 30%는 이미 일어난 사건들, 22%는 사소한 사건들, 4%는 우리가 바꿀 수 없는 사건들에 대한 것이며 나머지 4%만이 우리가 대처할 수 있는 진짜 사건이라고 한다.

독자들이여! 돌이켜 보면 힘들고 죽을 것만 같았던 상황도 잘 견디며 극복하고 살아오지 않았는가? 현실에 만족하면서 내적 행복을 찾길 바란다.

③ 쨍하고 해 뜰 날!

필자는 1975년 가수 송대관 님이 부른 「해뜰날」이라는 노래를 좋아한다. 잠시 가사를 언급해 보면 아래와 같다.

> 쨍하고 해 뜰 날 돌아온단다
> 꿈을 안고 왔단다 내가 왔단다
> 슬픔도 괴로움도 모두 모두 비켜라
> 안 되는 일 없단다. 노력하면은
> 쨍하고 해 뜰 날 돌아온단다

사람에게는 누구나 3번의 기회가 온다고 하지 않던가? 그러나 기회가 주어지더라도 준비되지 않았다면 쨍하고 해가 뜰 수 있을까? 필자는 내 삶에 대한 예후는 '노력'이라고 생각한다.

한 신문방송사 기사에 의하면 대중가요에서 빼놓을 수 없는 소재로 첫째가 사랑이고 둘째가 돈이라고 한다. 욕망의 무한한 대상인 돈에 대한 노래는 시대의 경제 상황이 반영되어 시시각각으로 변해 왔음을 알 수 있다. 90년대 중반까지는 '돈'과 '부'에 대한 예찬과 풍자가 섞인 노래가 주류를 이뤄 왔다면 이후에는 부정부패로 부를 축적한 재벌에 대한 증오와 비난 섞인 투의 노래가 등장했다.

정리하면 IMF 이전인 95, 96년 당시에만 해도 이처럼 황금만능주의가 되어 가고 있는 현 사회에 대한 풍자나 비난이 들어간 가사들이 주류를 이루었고 한 국내 가수는 돈과 명예 등의 기성세대들이 맹목적으로 쫓는 돈을 거부하는 용기를 보이기도 했다. 일례로 김장훈은 리메이크 곡 「사노라면」에서 '새파랗게 젊다는 게 한밑천인데, 쩨쩨하게 굴지 말고 가슴을 쫙 펴라'라며 정리 해고로 잃은 직장, 부패한 사회에서 초월해 맨 몸뚱이를 밑천으로 열심히 살자는 일종의 위안과 희망을 주고 있다. 필자 역시 점점 돈의 노예가 되어 가고 있는 사회 현실에 돈에 대한 새로운 시각을 갖기를 원하는 마음에서 본 도서를 집필하게 되었다.

지금까지는 대중음악을 통한 돈의 심리를 지면의 할당량이 있어 짧게 살펴보았다. 참고로 통합 예술 차원에서 몇 가지 장르를 소개한다.

- 노래: 「For the Love of Money」 by The O'Jays 「Billionaire」 by Travie McCoy ft. Bruno Mars 「Money」 by Pink Floyd 「Can't Buy Me Love」 by The Beatles Don't Worry Be Happy
- 영화: 「월스트리트」「쇼생크 탈출」「대부」「맨 오브 스틸」「월드 워 Z」「설국열차」「마스터」「원라인」「블랙머니」「돈」
- 책: 『부의 추월차선』『돈의 속성』『돈으로 말한다』『부자 아빠 가난한 아빠』『최고의 선물』
- 그림책: 『돈 나무』『돈똥』『돈의 신화』『돈이 사라진 마을』『돈 돈 돈』『100원이 작다고?』『세 개의 잔』

위에서 언급한 작품은 돈에 대한 인식 전환과 돈으로 인해 발생하는 갈등과 행복 등을 다루고 있다.

5. 돈보다 행복

> "행복하기란 아주 쉽단다.
> 단지, 우리가 가진 걸 사랑하면 돼.
> 소유하지 못한 것에 대한 갈구와 결핍이 불행의 원인이 된다."
>
> - 영화 「원 트루 씽」 중에서 -

1) 돈 없어도 행복한 내적 평화를 유지하는 방법

돈이 없어도 행복한 삶을 사는 사람들은 자신이 원하는 것을 단순하게 즐기는 방법을 알고 있다. 그들은 더 많은 돈을 벌기 위해 지쳐 있는 대신, 가족, 친구, 취미, 문화 활동 등을 즐기고 살아가며 삶의 가치를 느끼고 있다. 이들은 자신의 삶을 보다 간소화하고, 소유하는 물건들을 최소한으로 줄이며, 물질적인 것보다 정서적인 것을 중요하게 여긴다.

또한, 이들은 검소한 생활로 불확실한 미래보다는 현재의 순간에 집중하고, 긍정적 마인드로 자기 사명을 실천하려고 한다. 퓰리처상을 받은 튀르키예의 시인 나짐 히크메트의 『진정한 여행』 중에 나오는 멋진 글이 있어 소개한다.

천하보다 소중한 한 글자 '나', 그 어떤 것도 이길 수 있는 두 글자 '우리', 세상에서 가장 아름다운 세 글자 '사랑해', 평화를 가져오는 네 글자 '내 탓이오', 돈 안 드는 최고 동력 다섯 글자 '정말 잘했어', 더불어 사는 세상 만드는 여섯 글자 '우리 함께해요', 뜻을 이룬 사람들의 일곱 글자 '처음그마음으로' 인간을 돋보이게 하는 여덟 글자 '그런데도 불구하고', 다시 한번 일어서게 하는 아홉 글자 '지금도 늦지 않았단다', 나를 지켜주는 든든한 열 글자 '내가 항상 네 곁에 있을게'

결국, 돈 없어도 행복한 삶을 살아가는 사람들은 풍요로운 삶을 위해 자신이 가진 것 안에서 충분히 즐기기 위해 노력한다.

2) 돈보다 자연인으로

누군가는 돈 많은 부자가 되고 싶어 하고 누군가는 마음 부자가 되고 싶어 한다. 중년 남성들이 열렬히 애청하는 프로그램. 시청률 7위를 차지한 MBN「나는 자연인이다」라는 프로그램을 사람들이 좋아하는 이유에 대해 독자들에게 묻고 싶다. 왜일까? 어깨의 짐을 내려놓은 홀가분한 삶에 대한 대리 만족은 아닐까? 필자는 생각한다. 이들은 산에 들어오기 전의 삶을 고백하면서, 모두 스트레스와 부담감이 많았다고 고백한다. 돈과 명예를 추구하며 살다 믿었던 사람에게 인간적 배신을 당하고 돈과 가정, 건강을 잃어버린 사람, 스스로 생을 버리고 싶을 정도로 괴로워했던 사람, 또한 사회인으로, 한 가정을 책임지는 가장으로서 살아가는 압박감에서부터 벗어나고자 하는 이들이 대부분이다.

즉 이 프로그램을 보는 사람들은 가장의 책임을 떠맡았고 사회의 구조적 압박 속에서 시달리면서도 오랫동안 자기 몫을 성실히 다해 왔고 그럼에도 아직도 훌훌 떠날 수 없었던 사람들이 대다수이다. 자연인들은 이런 시청자들이 가끔 상상하는 대로 현세의 삶을 저버리고 떠날 수 있었던 사람들처럼 그려지면서 일종의 대리 만족을 준다. 이는 단순히 자연에 대한 동경만이라고 할 수 없다. 현실의 사람들은 삶에서의 책임을 떠맡고 있고, 자기 자리를 지키며 살아가기 때문에 이 자연인의 삶을 흥미롭게 볼 수 있다고 필자는 생각한다.

이 프로그램에는 단순히 오지의 삶을 체험하고 신기한 일을 보도하는 관점이 아니라, 일종의 선언이 들어 있다. 세상을 향해서 "나는 자연인이다."라고 선언하고 싶은 마음, 그렇게 사회에 얽매이지 않고 자기 뜻대로 살겠다는 의지의 표명, 어쩌면 이 프로그램이 시청자에게 의미가 있는 건 이렇게 마음대로 선언을 할 수 있는 자유와 즐거움이 아닐까 생각된다.

3) 돈에서 자유로워지는 방법
① Who am I, 스스로 물으라

우리의 눈은 내 앞을 볼 수 있지 나 자신을 볼 수 없다. 그래서 우리는 나 자신을 평생 보지 못하고 산다. 그런데 우리는 나 자신을 안다고 착각한다. 나 자신을 알고 사랑하려면 부단한 노력이 필요하다. 보이지 않는 나 자신을 먼저 찾고 사랑하라! 안다고 착각하지 말고. 그리고 돈, 부자, 성공이라는 단어가 늘 마음 한편에 머무는 독자라면 자신의 무의식을 점검해 보길 권하며 '지겨운 밥벌이'가 아닌 '가슴 뛰는 천직'을 찾아보라.

② **나는 나야!**
내 두 눈은 나에게 붙어 있어 나를 제대로 보지 못한다. 그래서 우리는 늘 타인의 눈을 빌려 나를 본다. 그렇게 타인에 의해 정의되고 정말로 내가 그런 사람이라 믿으며 그들에게 좋은 사람이기 위해 애쓰며 결국 나를 잃어버린다. 또한, 나 자신은 눈으로 보는 것이 아니다. 내 안의 소리에 귀를 기울여야 알 수 있다. 나는 내 안에 있다.

보통 사람들은 돈이 없으면 무시당하고 차별받는다고 생각한다. 그래서 타인의 평가에 대한 선입견을 가지고 스스로 자기 학대에 빠지곤 한다. 자존감의 문제다. 자존감은 내가 나를 사랑해야 바로 세울 수 있다. 자존감은 마음 상태. 마음은 가슴에 있다. 실망, 실연, 실패했을 때 어디가 아픈가? 바로 마음(가슴)이다. 요즘 뇌 과학이 부각되면서 내 마음은 뇌 안에 들어가 있다고 한다.

컴퓨터로 예를 들면 뇌는 하드웨어에 속하고 몸은 소프트웨어에 속한다고 볼 수 있다. 그래서 뇌는 몸과 연결되어 있어서 마음과 몸이 서로 연결 지으면서 우리를 힘 나게도 하고, 일하게도 하고, 때로는 불편하게도 하고 지치게도 하는 일이 일어난다. 이제 내 마음과 가장 친한 벗이 되어 어제도 오늘도 잘하고 있고, 앞으로도 잘할 거라고. 토닥여 주자.

③ **완벽한 인간은 없다. 건강한 생각을 하라**
훌륭해지고 싶은 인간은 많다. 스스로 반성하고 부족한 것이 보이면 채워 나가면서 훌륭한 인간이 되는 것이다. 훌륭함은 처음부터 완성된

상태가 아니라 지속적인 노력으로 꾸준히 이뤄 가는 과정이다. 건강할 때는 사랑과 행복만 보이고 허약할 때는 걱정과 슬픔만 보인다. 혼자 걷는 길에는 예쁜 그리움이 있고, 둘이 걷는 길에는 어여쁜 사랑이 있고 셋이 걷는 길에는 따듯한 우정이 있듯이.

④ 주변을 돌아보고 자연을 가까이하라

세상에 공짜는 많다. 그것을 보지 못할 뿐. 푸른 하늘, 구름과 바람, 사계절. 돈이 없어도 세상은 아름답고 감동받을 수 있는 것이 넘쳐 난다. 자신이 행복하고 감동받으면 그것이 행복 아니겠는가? 돈만 추구하며 살게 되면 하늘을 보아도 구름을 보아도 길가에 핀 꽃을 보아도 눈을 감아도, 떨어지는 낙엽을 보아도 아무런 감흥을 느끼지 못한다.

⑤ 내 편을 만들어라

그냥 이유 없이 내 편이 있다는 건 가장 기분 좋은 일이다. 상대방과 같이 있을 때 가장 나다워지는 사람을 만나고 그들과 진실한 인간관계를 맺어라. 1인 가구가 늘어나고 이웃과 불통하고 사는 세상이다. 어리석은 사람은 인연을 몰라보고, 보통 사람은 인연인 줄 알면서도 놓치고 현명한 사람은 옷깃만 스쳐도 인연을 살려 낸다고 하지 않던가.

⑥ 지금 여기에

달라이 라마의 『아침에 일어나면 꽃을 생각하라』 중에 일 년 중 아무것도 할 수 없는 날은 단 이틀뿐이라고 한다. "하루는 '어제'이고 또 다른 하루는 '내일'이며 '오늘'은 사랑하고 믿고 행동하고 살기에 좋은 날이다."라는 말이 감동이다. 톨스토이 작품 중에 『사람은 무엇으로 사는가』에서 저승사자가 뒤에서 기다리고 있는데 1년 이상 신을 수 있는 튼튼한 신발을 만들어 달라는 사람의 이야기가 나온다. 부지런히 만든 그 신발은 자신의 장례식에 신게 되고. 지금 내게 가장 소중한 것이 무엇인지, 생각해 보면 돈(물질)에 대한 집착에서 자유로워질 것이다. 인생에는 되감기 기능이 없다. 살아가는 동안 모든 순간을 즐기라고 권하고 싶다. 특히 지금 여기에.

⑦ 노력이 "Effort" 재능이다

너무 돈에 연연해하지 말자. 인생은 성공보다 살아가는 과정이 중요하다. 노력하는 과정 자체가 우리의 삶이며 노력 없이 이루어지는 게 아무것도 없다는 것을 우리는 삶 속에서 많은 경험으로 알고 있지 않은가? 노력이 "Effort" 재능이다. 운명은 노력하는 인간을 배반하지 않는다. 안 그래도 매일매일 힘내서 사는 사람한테 힘내라고 말하기가 미안하지만 그래도 긍정적인 생각으로 나만의 돈에 대한 철학을 설정하고 힘내서 살아가자.

⑧ 웃고 선행하고 감사하자

심리학에 안면 피드백 이론이 있다. 억지로라도 웃는 표정을 지으면 실제로 웃을 때와 비슷한 화학 반응이 일어나 기분이 좋아진다는 이론이다. 라울 뒤피는 삶은 항상 자신에게 미소 짓지 않았지만 자신은 인생에 늘 미소 지어 보였다고 한다. 대단한 내공을 엿볼 수 있는 말이다. 또한 의도적이지 않지만 선행을 통해 인생 역전을 맞은 사람들의 일화를 종종 볼 수 있다. 세상은 노력하는 만큼 잘 살게 되고, 사랑하는 만큼 아름다워지고, 가슴을 여는 만큼 풍족해지고, 참는 만큼 성숙해진다는 말이 있듯이 모든 것에 감사하게 되면 건강하게 살 수 있다. 건강한 몸은 건강한 마음을 담는 그릇이다.

6. 돈 공부가 필요한 세상

"호랑이를 잡으려면 호랑이 굴로 들어가라"
- 사자성어 -

위 사자성어는 "호랑이 굴에 들어가야 새끼를 잡는다."라는 뜻으로 원하는 성과를 얻으려면 그에 마땅한 일을 하여야 함을 비유적으로 가리키는 뜻을 담고 있다. 혹시 독자들은 지금까지 "돈(경제)"이라는 분야에 관심이 있는지 묻고 싶다. 왜냐하면 사람들은 돈, 돈, 돈 하지만 정작 "돈(경제)"에 대한 학습은 게을리하기 때문이다. 필자 역시 "돈(경제)"에 대한 관심이 별로 없어 얼마 전까지 열심히만 살면서 재화나 서비스를 얻으려고 했지, 돈에 대한 지식을 통해 돈을 불릴 줄은 몰랐다. 우리 대다수는 "돈"과 "경제"는 불가분의 관계임에도 무작정 돈만을 추구하며 산다.

"경제"란? 사전적으로 "인간의 생활에 필요한 재화나 용역을 생산, 분배, 소비하는 모든 활동. 또는 그것을 통하여 이루어지는 사회적 관계"[1]로 쉽게 풀이하면 현대 사회에서 인간이 먹고사는 일에 관련된 분야를 "경제"라고 이해하면 된다. 즉 현재 우리가 먹고살기 위해 직장을 다니거나 개인 사업을 하여 벌어들인 돈으로 생리적 욕구를 해결하기 위한 모든 활동을 "경제"라고 볼 수 있다.

---

1) 출처: 국립국어원 표준국어대사전

우리가 먹을 것을 사기 위해서는 "돈"이라는 화폐가 필요하고 이 화폐를 얻기 위해서는 화폐와 바꿀 만한 재화나 용역을 제공해야 한다. 예를 들어 내가 화폐를 얻기 위해 일정 시간 노동력을 제공하거나(용역) 물건을 판매(재화)하면 그 대가로 화폐를 얻을 수 있다. 이 "돈(경제)"은 가만히 있으면 얻을 수 있는 게 아니다. 부모님에게 받거나 아니면 누군가로부터 받아야 한다, 누군가에게 받으려면 공짜로 절대 받지 못한다. 그 누군가에게 정당한 대가를 지불하든지 자신의 노동력이든 자신이 가지고 있는 물건이든 제공해야 상대방으로부터 "돈"을 지급받게 된다. 그래서 "돈(경제)"은 우리의 삶과 아주 밀접하게 연관되어 있다.

돈은 벌기 위해서는 경제 활동을 해야만 가능하고, 경제 활동을 통해 얻은 재화(돈)는 벌기는 어려우나 쓰기는 쉽고 지키기는 더욱 어렵다. 우리가 착각하고 사는 게 있다. 부자가 되려면 돈을 많이 버는 능력이 있어야 한다고. 허나 돈은 벌기는 쉬워도 모으기가 어렵고 모은 돈을 유지하기란 더욱 어렵다. 또한 모으고 유지한 돈을 제대로 쓰는 것은 더더욱 어렵다. 명심하자.

일반적으로 "돈" 많은 사람이나 계층을 우리는 "부자(Rich)"라고 한다. "부자"는 크게 2가지로 될 수 있다. "부자"의 자손으로 태어나거나, 열심히 노력하여 "경제 활동"을 하는 중에 많은 "돈"을 획득하는 방법이 있다. 그리고 누구나 "부자"를 꿈꾼다. 돈이 돈을 낳는다. "돈(경제)"은 우리의 삶과 매우 밀접한 것으로 "돈"을 벌고 싶다면 "돈(경제)" 공부를 해야 한다. 돈은 저절로 불어나는 것이 아니다. 공부를 통해 상식을 알게 되면 삶에 도움이 된다.

필자는 행복하게 잘 살기 위해서는 배워야 하고 스스로 학습하는 자세를 가져야 한다고 생각한다. 꼭 돈, 성공, 출세를 위해서 뿐만 아니라 올바른 삶의 자세를 갖기 위해 공부를 해야 한다. 공부는 '머리를 발달시키고', '자신감을 얻기 위해' 하는 것이기 때문이다.

특히 돈 공부는 자신이 그토록 원하는 자유에 관한 공부이며 행복과 연결된 공부이다. 자유를 얻고 행복해지고 싶다면 돈에 대한 공부는 필수다. 세상이 변했다. 자신이 살아오면서 경험했던 경험의 함정에 빠지지 말고 변화하는 시대의 요구에 맞추기 위해 늘 새로운 것을 받아들이며 공부하는 사람이 되자.

참고문헌
저우신위에 저/박진희 역,『심리학이 돈을 말하다』, 미디어숲, 2021.
간다 마사노리 저/이선희 역,『누구에게나 세 번의 기회는 있다』, 랜덤하우스코리아, 2005.

삶의 과정이 행복인 것을…

- 남궁청완

남궁청완

이메일: Chungwan0329@hanmail.net

경력
- 現) 한국회의법학회 교수/사회적 협동조합 혜민서 이사장/재단법인 사회가치연대기금 이사/사단법인 서민금융연구원 부원장/동대문 사회적경제네트워크 상임대표/동대문구 협치회의 공동의장
- 前) 서울 종로 JC 8대 회장/한국청년회의소 훈련원장/함열 남궁씨 종친회 중앙 회장/(사)서울약령시협회 회장/경동신협 이사장/신협 중앙회 이사

출간
- 『지구별 소풍과 귀천(웰다잉 총서)』
- 『내면의 평화를 위한 화해와 용서』

1. 서울 약령시 40년

　필자는 83년부터 지금까지 40년간 한의약 산업의 메카인 서울 약령시에서 살고 있다. 지금껏 살아오면서 건재약업사를 운영하기도 했고 기타 한약업에 종사하기도 했다. 그러다 우연한 기회에 신용협동조합 이사장이 되어 신협을 경영하였고, 서울 약령시 산악회 회장과 충우회 회장도 역임했다. 그리고 사단법인 서울약령시 협회 회장을 거쳐 지금은 사회적 협동조합 혜민서 이사장으로 활동하고 있다. 그러다 보니 그 과정 속에서 정말 다양한 사람들을 많이 만났다.

　현재까지도 건강하게 현업에 계신 분도 계시고, 은퇴하신 분도 많으시다. 돈을 많이 벌어 부자가 되신 분, 열심히 사업을 했지만 여의치 않아 주변에 피해만 주고 홀연히 사라진 사람, 그냥 그렇게 있는 듯 없는 듯 조용히 생업을 일구어 나가는 사람, 하루아침에 큰돈을 벌어 부러움의 대상이 되었다가 마지막엔 주변 사람들에게 큰 피해를 주고 업계를 떠난 사람, 말도 많고 탈도 많은 곳이 여기다.

　필자가 이 글을 쓰면서 누구를 헐뜯거나 평가하려는 생각은 추호도 없다. 다만, 그 삶을 지켜보면서 느낀 점을 가감 없이 말하고자 함을 미리 밝혀 둔다.

필자와는 나이가 비슷하고 같은 단체에 소속되었다는 이유로 40여 년을 가까이서 친구처럼 지낸 친구가 하나 있었다. 늘 검소하고 절약 정신이 투철해서 다른 사람한테는 '구두쇠, 자린고비'라는 소리를 들었지만 나한테는 '계산만큼은 확실한 사람'이었다.

사업을 하면서 남에게서 받을 건 악착같이 받고, 남에게 줄 것은 적은 돈으로 여러 번 나누어 주거나 질질 끌다가 어쩔 수 없을 때 준다. 이 철학을 끝까지 고수한 사업가였다.

그 친구의 부친에 관해서도 유명한 전설처럼 내려오는 이야기가 몇 가지 있었다. 폐박스 하나도 모으면 돈이 되고 포장끈 한 토막, 화장실 변기 물도 아끼면 돈이 된다는 확실한 절약 정신은 지금도 전설이다. 한의사이시고 자가 빌딩을 소유하고 계시니 돈도 좀 쓰시고 자가용 한 대쯤은 있을 법도 하지만 필자가 알기론 돌아가실 때까지 당신 명의의 자동차나 헬스 회원권, 골프장 회원권은 없으셨던 것으로 알고 있다. 그렇게 사신 아버지의 철학을 확실하게 계승한 친구였다.

2000년대에 들어서면서 제기동 주변의 빌딩들을 하나씩 사기 시작했다. 빌딩이 매각되면 소유주는 어김없이 그 친구가 되어 있었다. 그중에 제기동 우체국이 입주해 있는 대형 빌딩은 규모가 대단히 큰 빌딩도 있었다. 기존의 빌딩을 매입 후 리모델링하고 증축한 후에 준공식 겸 개업식을 하게 되었을 때 언제나처럼 필자한테 행사의 진행을 부탁해서 행사를 진행해 준 일이 있다.

사례로 저녁을 함께하자고 해서 식사와 술 한 잔을 나누었다. 그러면서 "앞으로 빌딩을 몇 개나 더 살 예정이냐."라고 물었더니, "더는 욕심은 없다. 이제는 형제들도 좀 챙기고 나누면서 살겠다."라고 이야기를 나누었던 기억이 생생하다. 그 후로도 그 친구는 1년이면 빌딩을 하나 내지는 둘을 샀다. 일정한 부분 돈이 축적되다 보니 추가로 빌딩을 사 모으는 것은 식은 죽 먹기보다 더 쉬워 보였다. 그렇게 사 모은 빌딩이 10여 개가 넘는 것으로 알고 있다. 한동안 눈에서 멀어지고 소식이 없어서 궁금했었다.

어느 날 갑자기 전화가 와서 사무실로 와 달라고 한다. 내키지는 않았지만, 옛정을 생각해서 사무실로 가 봤더니 몸이 형편없는 상태가 되어 앉아 있는 모습을 보고 어찌나 놀랐던지, 지금도 아득하다. 잠시 침묵이 지난 다음 진정하고 어디가 아프냐고 물었더니 깊은 한숨과 함께 폐에 암이 생겨서 치료 중이라고 한다. 가만히 앉아 있어도 숨쉬기가 불편해 보였고 상황을 물어보니 4기가 넘었다고 말한다. 흡연도 하지 않고 술도 많이 먹지도 않고 일요일이면 북한산을 비롯한 산에도 잘 다녔었는데 마른하늘에 날벼락 같았다. 사무실엔 긴 침묵과 긴장감이 무겁게 내려앉았다.

할 수 있으면 여기 일을 잠시 미루고 공기가 좋은 곳에 가서 요양하고, 요즘 좋은 약이 많이 개발되었다 하니, 사람이 할 수 있는 일은 다 한 다음에 신에게 의지해 보자는 말을 하고서 사무실을 나서는데 온갖 상념에 머리가 어지러웠다. 그 후 얼마 지나지 않아 부음이 들려왔다. 평소에 함께 자주 다니던 장례식장에 오늘은 주인공이 되어서였다. 맑은 정신엔 도저히 용기가 안 나 술 한 잔을 먹고 조금 늦은 시간에 빈소를 찾았다. 빈소는 예상했던 대로 가족·친지를 제외하고는 한산했다. 유족들은 나를 잘 알지만 아는 분이 안 계셨고 상주들은 미망인을 제외하고는 잘 알지 못했다.

 조금은 아까운 나이에 먼저 지구별 옷을 벗고 영혼의 옷으로 바꾸어 입은 친구를 가끔 생각해 본다. 그 많은 재산을 좀 나누고 사회에 환원도 하고 평생 업으로 삼았던 한약 업계와 서울 약령시 발전을 위해 조금 나누어 주고 가지, 다 가지고 갔다. 후일 상속세가 천문학 숫자가 된다는 말을 바람결에 들으면서 씁쓸한 마음은 어쩔 수가 없었다.

 이번에는 우리 한약 업계에서 위 친구와 정반대의 삶을 사신 분의 이야기를 하려고 한다. 필자와는 먼발치서 한 번 뵌 것 말고는 특별한 인연이 없다. 올해 초 문화방송 경남 다큐멘터리 「어른 김장하」를 통해 2부작으로 제작 방송이 되고 다양한 유튜브에 소개가 되었으니 알 만한 사람들은 다 아는 훌륭한 분이시다. 큰 어르신 김장하 원장님이시다. 가난 때문에 학교 수업보다는 한학자이신 조부님 밑에서 한학을 익히셨고 어린 나이에 한약방에 취직해서 한약을 썰고 한약방 허드렛일을 하다가 한약을 배우시고 1962년 최연소로 한약업사 시험에 합격하고 다음 해야 자격증을 받으셨다.

1963년 사천시 용현면에서 한약방을 개업하시고 1973년 진주에 남성 한약방을 이전 개설하신 후 2022년 5월 말까지 한약방을 운영하셨다. 평생을 자가용 한 번 갖지 않으시고 늘 대중교통과 자전거를 이용하셨다고 한다. 그렇게 평생 모은 전 재산을 사회에 환원하셨다.

1983년 100억이 넘는 재산으로 학교 법인 남성학숙을 설립 10년 동안 체육관, 도서관 시설을 완비한 후 1991년 명신고등학교를 국가에 기부 채납하셨고, 가정 형편이 어려운 학생들에게 장학금을 계속해서 주셨다. 그분의 장학금으로 대학을 무사히 졸업한 학생만 1,000명이 넘는 것으로 알려져 있다.

2013년 산청 한방 엑스포 때는 고이 간직했던 동의보감(목판본)을 기꺼이 기증하셨고, 2023년 산청 한방 항노화 엑스포 때는 60년 동안 동고동락을 해 오던 한약장을 기꺼이 기증해 주셨다. 이 귀한 유물들은 산청 한의약 박물관에 전시되어 박물관을 찾는 관람객들에게 훌륭한 자료가 될 것이다.

특히 『동의보감』 목판본은 희소가치가 크고 『동의보감』 자체가 유네스코 세계 기록 유산으로 등재되다 보니 그 독창성이나 희귀성, 학문성의 독보적 존재감만으로도 국보급이다. 그렇다 보니 『동의보감』 목판본 기증은 놀라운 일이 아닐 수 없다.

2000년에 설립한 남성문화재단을 통해서 시민 사회단체, 언론, 역사, 환경 운동, 형평성 운동 등 지속 가능한 지역 공동체를 만들기 위해 아낌없이 나누어서 주셨으며 2021년에 재단을 해산하면서는 잔여 재산 34억 원을 경상대학교 발전 기금으로 기부함으로써 모든 재산을 온전히 사회에 환원하셨다.

선생님의 어록을 보면 그분의 인간 됨됨이를 알 수 있다.

"똥은 쌓아 두면 구린내가 나지만
흩어 버리면 거름이 되어 꽃도 피우고 열매도 맺습니다.
돈도 이와 같아서 주변에 나누어야 사회에 꽃이 핍니다."

"내가 배우지 못했던 원인이 오직 가난이었다면 그 억울함을 다른 나의 후배들이 가져서는 안 되겠다 하는 것이고 그리고 한약업에 종사하면서 내가 돈을 번다면 그것은 세상의 병든 이들 곧 누구보다도 불행한 사람들에게서 거둔 이윤이겠기에 그것은 나 자신을 위해 쓰여서는 안 되겠다는 생각 때문이었습니다."

"그런 이유에서 설립된 것이 이 학교이면 본질에서 이 학교는 제 개인의 것일 수 없는 것입니다. 앞에서 말씀드렸듯이 본교 설립의 모든 재원이 세상의 아픈 이들에게서 나온 이상 이것은 당연히 공공의 것이 되어야 함이 마땅하다는 것이 본인의 입장입니다. 그리고 본교가 공공의 그것이 되기를 위한 좋은 방법이 바로 공립화요 그것이 국가 헌납이라는 절차를 밟아 오늘에 이른 것입니다."

우리 사회는 평범한 사람이 지탱하는 것이다.
국가를 위해 봉사하는 길은 둘 다 똑같다.
지평을 넓혀 사회에 거름을 뿌리면 된다.
산을 갈 때는 사부작사부작 꼼지락꼼지락 가면 된다.

어르신 어록을 살펴보면 특별한 것이 없는 것이 특별하다. 전 재산을 사회에 환원하시는 방법도 특별할 필요가 없었다. 돈의 특성을 잘 알고 특성에 따르셨구나, 하는 생각이 든다. 각박한 세상에 참 귀한 어르신임에 틀림이 없다.

사람은 돈이 어느 정도나 되면 행복할까? 이 문제는 오랫동안 많은 사람의 관심 사항이었으나 명확하게 답하기 어렵다. 많은 사람이 돈으로는 행복을 살 수 없다고 말하지만 많은 사람들은 돈을 벌기 위해 수단과 방법을 가리지 않는다.

하버드대 비즈니스 리뷰가 실시한 조사에서 연봉 일억 원 정도가 가장 행복 지수가 높다는 발표를 한 적이 있다. 불확실성과 걱정거리를 줄이며 여유로운 삶을 살 수 있다는 점이 그 이유이다.

필자는 70년을 살면서 돈이 가져다주는 행복은 아주 짧은 순간이란 걸 알게 되었다. 맨 처음 포니2를 장만했을 때 하늘을 날 것 같은 기분이었다. 쏘나타를 사고 제미니를 사고 그랜저를 사고 마침내 최고의 차 에쿠스를 살 때도 마찬가지였다. 새 차를 사면 행복은 잠깐 그때뿐이었다.

새 아파트를 살 때도 마찬가지였다. 그렇지만 그 행복은 더 큰 평수 더 좋은 아파트와 비교하는 순간 끝이 난다.

돈은 구매력이다. 그 이상도 그 이하도 아니다. 적은 돈을 쓰고도 행복할 수 있고 많은 돈을 쓰고도 불행할 때가 있다. 초등학교 친구들을 만나 호기롭게 카드를 꺼내 들고 "먹고 싶은 거 아무거나 다 시켜." 큰소리를 칠 때 진짜 행복하다. 사랑하는 사람이 갖고 싶어 하는 것을 사 줄 수 있을 때 행복하다.

필자는 어르신들을 상대로 마무리 노트 강좌를 계속해 오고 있다. 어르신들의 삶을 온전히 당신 뜻대로 살기를 원하시지만 쉽지 않다. 어차피 내가 번 돈이니. 내 뜻대로 하면 어떨까? 돈이 은행에 있으면 그 소유는 한국은행 거다. 돈은 내가 쓸 때 비로소 내 돈이 된다는 것! 돈은 나중이 없다. 어제도 아니고 내일도 아니다. 지금 내 주머니에 있는 돈이 내 돈이다. 많은 어르신들이 나중에 나중에를 외치다가 정작 나중에는 나쁜 놈이 주인이 되는 것을 자주 볼 수 있다.

어르신들의 사후를 정리하다 보면 라벨이 그대로인 옷들, 나중에를 외치며 쌓아 두셨던 돈다발이 나오는 경우가 종종 있다. 결국 유가족이나 이도 저도 없으면 국가에 귀속되고 만다. 더 늙어 쓸 돈이라고 말하지만 사실 늙어서는 돈 쓸 때가 그리 많지 않다. 여행도 가슴 뛸 때 다녀야지, 걷기 힘들어지면 못 간다는 사실!

장례를 디자인하는 프로그램을 진행했는데 정작 장례비는 삼천만 원이면 족하다는 결론을 냈다. 그러니 그렇게 많은 돈을 쌓아 놓고 준비할 필요는 없다.

2. "잘사는 삶을 위해 나누며 살았습니다."
- 아버지를 대신하신 둘째 형님

　필자는 이 글을 쓰면서 두려움과 조심스러움에 잔뜩 웅크린 채 필자가 가지고 있는 역량을 다 동원하고 기억을 더듬어 글을 쓰려고 한다. 하지만 분명히 아둔한 필자의 실력으론 한계가 있으리라 생각한다. 필자가 이렇게 조심스러운 것은 우리 7남매 중에 둘째 형님 이야기를 쓰려고 하기 때문이다. 어떻게든 형님의 크신 선행을 후손들에게 남겨야 한다는 이유가 글을 쓰게 된 가장 큰 이유이다.

　둘째 형님은 가난한 가세를 일으키고 아버지를 대신하여 형제들에게 한없는 은혜를 베풀어 주신 분이시다. 큰형님에게는 고향과 선산을 지키시며 고생하신다고 논과 밭을 사 주시고 동생들은 가능하면 서울로 올라오게 해서 취업을 시키고 결혼을 시키고 신혼집들을 준비해 주시고 대학을 다닐 수 있도록 최선을 다해 지원해 주셨으니 정말 대단한 형님이셨다.

　우리 집은 가난한 농촌에 농사를 지을 수 있는 땅은 한 톨도 없는 빈농이었다. 그런데도 부모님은 자식을 6남 1녀를 낳으셨으니 자식 욕심은 많으셨나 보다. 그러다 보니 우리 집은 늘 가난을 벗어날 수가 없었다. 어려서의 기억을 더듬어 보면 배고픈 기억과 좁은 초가 세 칸 집에 북새

통 속 기억밖에 없다. 어떻게든 초등학교를 마치면 밥그릇 하나를 줄이기 위해 집을 떠날 수밖에 없었다.

그 당시 우리 마을에 전쟁 중에 피난을 내려와 살던 집이 있었는데, 그 집에 여자 형제는 많고 남자는 딱 한 명이었으니 우리 집과는 정반대 상황이었고 본래 살던 곳이 서울이고 부자였다고 한다. 세련된 말씨와 옷차림. 우리하고는 좀 다른 환경이었다. 그중에 유일한 형님이 한 분 계셨는데 둘째 형님하고 연배가 비슷했다.

그런 인연으로 그 집이 서울로 다시 이사를 한 후 둘째 형님을 서울 종로에 있던 인광상회라는 곳에 사환으로 취직을 알선해 주셨다. 그곳은 경향 각지에서 채집되거나 재배한 한약재를 정기 화물과 철도 화물로 배달된 약재를 받아서 보관하고, 화주가 와서 본인의 약재를 팔고 대금을 받으면 보관료와 수수료를 내고 다시 돌아가는 시스템이었다. 그런 시절이다 보니 시골에서 오신 화주들이 낮에는 약재를 팔고 저녁엔 다시 모여 고스톱을 치거나 소주를 드시면서 서로 정보를 교환하는 사랑방 역할을 하던 곳이었다고 들었다.

그곳에서 형님의 역할은 심부름해 주거나 라면 같은 간식을 제공하면서 심부름 값을 챙기고 고스톱판에서 고리를 챙기는 것이 주 수입원이었다고 말씀을 하신 적이 있었다. 그렇게 한약재와 인연이 되어 약재를 배달도 하시면서 열심히 돈을 모아 종로6가 백제약국 골목 안에 보생당 한의원을 친구와 함께 개업하시면서 본격적으로 사업을 시작하는 계기가 되셨다.

두둑한 배짱과 적당한 허풍, 번뜩이는 아이디어, 주판보다 빠른 계산 능력은 늘 형님을 따라다니던 수식어가 되셨다. 그때부터 동생들을 서울로 불러올려서 일을 시키시거나 취업을 시켜 주셨다. 명절이 되어 형님이 집에 오시면 우리 집은 동네 아주머니들로 문전성시를 이루곤 했다. 너나 할 것 없이 어려운 시절이다 보니 자식들을 서울로 보내기 위해서 형님한테 부탁을 하기 위해 오신 분들이었다.

그러다 보니 참으로 많은 사람이 서울에 와 한약 업계에 종사하는 계기가 되었다. 일명 보생사단이 생길 정도로 많은 분이 계신다. 누구 할 것 없이 모두 형님한테 신세를 안 지신 분은 안 계시다. 뛰어난 판단력과 사업 수완, 두둑한 배짱이 있으셨던 형님께서는 일취월장 사업을 키워 나가셨고, 하시는 일마다 성공을 하셨다. 이미 80년대에 제기동과 용두동에 빌딩 두 개를 신축하시고 경기 광주, 안성 등지에 땅을 사서 소유하실 정도로 부를 축적하셨다. 필자가 다 알 수는 없지만 어쨌든 여기저기 투자도 많이 하시고 재산이 많은 것으로 소문이 자자하셨다.

이제까지는 형님이 돈을 어떻게 버시고 어떻게 관리하셨는지를 말했다면 이제부터는 형님이 돈을 어떻게 쓰셨는지를 이야기해 보려고 한다. 효심이 크셨던 형님께서는 부모님 산소가 모셔져 있던 학교림 임야가 교육청을 통해 공개 매각하는 일이 있었는데 부모님 산소가 있으니 당연히 관심을 두고 입찰에 응하셨다.

그런데 부여 지역에 있는 부동산 업자들이 경쟁에 뛰어들어 터무니없는 금액에 낙찰을 받았다. 그 땅이 필요해서가 아니라 형님한테 다시 팔려는 속셈이었다. 그때 형님이 취하신 태도는 지금도 이야기를 하시는 분들이 계시다. 돈도 없는 사람들이 계약금만 겨우 준비해서 한 건 해보려고 했지만 형님은 꿈쩍도 하지 않으셨다. 그들은 난감해하며 다양한 방법으로 형님한테 청을 넣어서 매도하려 했지만, 형님은 일절 응하지 않고 모르쇠로 일관하니 죽을 맛이었을 것이다. 견디다 못한 사람들이 두 손 두 발 다 들고 형님한테 용서를 빌고 나서야 비로소 형님께서 그 땅을 사시고 무슨 일이 있어도 처분하지 못하도록 등기에 6형제 공동 명의로 해 두셨다.

1983년엔 고인이 되신 어머님 회갑연이셨다. 회갑 잔치를 준비하시면서 모든 부담을 혼자서 다 하셨다. 장소는 소공동 롯데호텔 2층 크리스탈볼룸이었다. 당시에는 웬만한 사람들은 엄두도 내지 못하는 장소였다. 사회는 문화방송 아나운서가 보았고 연예인 출연진으로는 당시 최고의 민요 가수들은 다 나왔다 해도 과언이 아닐 정도로 대단했다. 고향 부여에서는 관광버스 두 대를 나누어 타고 잔치에 오셨다.

40년 전 어머님 회갑 잔치는 아직도 한약계와 부여에서는 전설처럼 이야기가 회자되고 있다. 여기에서 중요한 에피소드는 2층 크리스탈볼룸이 만석이 되어 늦게 도착한 부여 손님들은 할 수 없이 37층 뷔페식당으로 모실 수밖에 없었다. 문제는 2층 연회장에서 식사를 하신 분들이 배가 고팠다는 데서 발생했다. 당시에 호텔 측에서 제안한 식대 전액을 주기로 예약했는데 웬일인지 음식이 턱없이 부족해서 많은 분이 제대로 된 식사를 못 하셨다는 것이다. 배가 고팠던 것은 우리도 마찬가지였다. 형님은 식대 전액을 결제하지 않으셨다. 호텔 측에서 난리가 났다. 별의별 회유가 동원되고 많은 사람이 찾아왔지만, 형님은 요지부동이셨다. 많은 시간이 지난 후 총지배인이 찾아와 정중히 사과하고. 약정된 가격을 대폭 깎아서 이 문제를 해결한 것으로 기억하고 있다.

3. 함열 남궁씨 장학회

형님께서는 함열 남궁씨 종친회 재무 이사로 재임하시면서 함열 남궁씨 장학회를 만드는 데 큰 역할을 하셨다. 당시에는 도봉동과 방학동에 상당한 양의 종친회 땅이 있어서 그 땅을 팔고 재투자하는 과정도 있었다고 한다. 많은 금액을 경북 영양군에 임야를 사자고 하는데도 혼자서만 부동산의 투자 가치는 그것이 아니니 일부라도 서울에 부지를 확보해야 한다는 신념으로 방학역 앞에 대지를 사자고 고집을 세우시고 끝까지 이를 관철시켜 지금 현재 함열 남궁씨 종친회관으로 있는 빌딩 부지를 확보하신 일이 있다.

이즈음 영양 땅은 규모는 엄청난 규모이지만 실제로 가치는 별로여서 앞으로 큰 문제가 될 것을 염두에 두셨던 듯하다. 지금 생각하면 방학동 남궁회관 부지조차도 확보하지 않았더라면 종친회에 앞날이 어떻게 되었을까 싶어 아득하다.

당시 대한조선공사 남궁연 회장님과 남궁석 장관과 함께 종친회의 목적 사업인 후세 육영 사업을 위해 장학회를 설립키로 하고 장학 기금으로 당시 금액으로 아주 큰돈인 현금 일천만 원을 쾌척하셨다. 그 후로 우여곡절은 있었지만, 아직까지도 장학회가 유지되고 있어 대학생들에게 장학금을 지급하고 있다.

또한 회관 부지는 빌딩을 건립 도봉병원이 장기 임대함으로 종친회에 주 수입원이 되고 있으니, 이 또한 앞날을 예지하고 판단한 형님의 큰 역할을 기억하고자 한다.

우리 형제들은 대부분 부여초등학교를 졸업했다. 그러니 모교는 하나다. 부여초등학교 개교 60주년 환경 정비 사업에 부여 출신 거물 정치인 김종필 전 총리께서 학교 정문을 새로 만들어 기증을 해 주셨다. 참 멋진 정문으로 기억하고 있다. 형님께서는 교무실 앞에 대형 연못을 조성하고 그곳에 충무공 이순신 장군 동상을 세워 학생들에게 충과 효에 사상을 고취하는데 일조를 하셨다.

당시에 충청남도에선 고향에 도서 보내기와 농기계 보내기 캠페인을 진행했는데 거금을 기부하시면서 그 후로는 도지사 이취임식에는 매번 초청되시곤 하셨다. 이 외에도 고향에 노인정을 지어 기부하시고, 마을 회관을 건립할 때는 부지를 확보하시다 보니 고향 어르신들께서 공덕비까지 세워 주셨다.

원래 우리 형제들은 어머님 영향으로 개신교 신자들이었으나 형님께서는 결혼을 준비하시면서 가톨릭 신자가 되셨다. 종로5가 성당에서 혼배 미사를 시작으로 신실한 신자가 되신 후 다양한 나눔과 봉사를 몸소 실천하셨다.

지면 형편상 많은 일들 중 몇 가지만 소개를 하려고 한다.

4. 서울 미래 유산 제기동 성당

제기동 성당은 서울에서 여섯 번째로 지어진 역사가 깊은 성당이다. 제기동이라는 지명이 말해 주듯 제사 터가 있던 곳이다. 우선 선농단이 있다. 선농단은 농사의 신 신농씨와 곡물의 신인 후직 씨를 모시고 한해 농사가 시작되기 전 임금이 직접 참석해서 제사를 지내고 적전에 친경 행사를 함으로써 농사의 중요성을 백성들에게 알리던 곳이고, 선농단을 중심으로 다양한 제단들을 쌓고 무당들이 굿을 하고 남사당패가 난장을 펼치던 그야말로 기가 아주 센 이곳에 1942년 신자들의 노력으로 성당이 세워진 것이다.

이 성당엔 김성우 안토니오와 고종의 유모였던 박마르타 두 분의 순교 성인을 배출하였고 프랑스인 콜랭신부(고일랑)의 땀과 열정이 고스란히 배여 있는 서울 미래 유산으로 지정된 성당이기도 하다. 그러나 교세는 약해서 설립 50주년이 되도록 변변한 교육관이 없었다.

50주년 환경 정비 사업과 교육관 신축 공사가 시작되자 형님께서는 현금 일억 원을 교육관 건립 헌금으로 쾌척하셨다. 상계동 성모자애원을 지속해서 후원하셨으며 화천 평화의 집과 양평 평화의 집을 적극적으로 후원하심으로 신자로서 도리를 넘어 직위에 따른 도덕적 의무를 실천하는 삶을 사셨다. 또한 어머님에 대한 효심과 형제들에 대한 남다른 애정을 보여 준 일은 지금도 잊지 못하고 있다.

5. 낭만의 섬 홍콩

　1991년 당시는 누구나 할 것 없이 해외여행은 그저 꿈이었다. 형님께서는 어머님, 이웃집 아주머니, 큰고모님, 7남매 부부 전원 등 18명이나 되는 큰 규모의 여행단을 인솔해서 홍콩, 태국, 대만을 돌아오는 큰 이벤트를 하셨는데 가는 곳마다 먹었던 최고의 음식과 최고의 관광 코스는 지금 생각해도 꿈만 같다. 더욱이 여행 경비 전액을 혼자서 부담하셨으니 형님의 두둑한 배짱은 가늠하기 어렵다.

　여행 중 아침 산책을 하신다고 호텔을 나선 이웃집 아주머니께서 길을 잃어버리는 바람에 아주머니를 찾아 헤매던 일과 빳타야 해양 관광 중에는 고령의 큰고모님께서 죽어도 좋으니 패러글라이딩을 타시겠다고 고집을 부리시고 환하게 웃으시며 비행을 하던 일, 대만 철판 요리 집에선 사정없이 먹어 치우는 우리 일행 때문에 준비된 고기가 바닥이 난 일, 과한 음주 때문에 다음 날 일정이 차질을 빗고 귀국한 일 등은 단순한 에피소드를 넘어 귀한 추억으로 남아 있다.

　1997년에는 어머님, 외삼촌 내외분, 이모 내외분, 7남매 부부 전원이 참석한 두 번째 해외여행은 호주와 뉴질랜드 남북 섬으로 떠나게 되었다. 여행 중 큰일이 하나 있었는데, 뉴질랜드로 기억된다. 호텔에서 아침을 먹으려고 다들 모였는데 유독 어머님 안색이 창백하셨다. 여행 기간 내내 잘 드시고 일정을 잘 소화하시던 어머님께 이상이 감지된 것이다. 어머님께서는 말씀도 안 하시고 식사도 거부하시며 불안해하셨다. 그러니 일행 전체가 비상이 걸린 것은 당연한 일이었다.

나중에 알고 보니 새벽에 잠이 깨신 어머님께서 호텔 방에 있던 TV를 키셨는데 마침 뉴스에 대한항공 801편 괌 추락 사고 화면이 나오고 있었다. 말은 한마디도 못 알아들으셨지만 선명한 태극 문양 비행기 뒷날개 부문에 쓰인 글은 우리가 타고 온 대한항공임을 아신 것이다. 그러니 사고 영상을 보시고 나서 놀라움에 아무 말씀도 못 하신 것이다. 나중에 여쭈어보니 생존해 있는 친남매 그리고 일곱 자식 부부가 한 비행기를 타고 여행을 온 것을 몹시 후회하고 계셨다고 말씀하셨다.

안타까운 사고가 괌에서 일어나긴 했어도 우리 일행들은 그림책으로나 봐 오던 세계 3대 미항의 하나인 시드니항의 야경과 하버브릿지, 오페라 하우스, 엄청난 수산 시장, 처음 맛보던 랍스터, 훈제 연어, 입에서 녹던 호주산 비프스테이크, 황홀했던 뉴질랜드 남섬의 풍광을 지금도 잊을 수가 없다. 두 번째 가족 여행 경비 전액도 형님 혼자서 부담하셨으니 우리나라 여행 역사상 처음 있는 일이라는 여행사 가이드의 말이 틀림이 없다.

이외에도 수많은 선행과 기부를 한 일이 많으나, 지면상 이 정도에서 줄이기 위해 나름으로 고민을 많이 했다. 형님에 관한 이야기는 평전을 쓴다면 책 한 권으론 모자란다. 71세라는 아까운 나이로 소천하셨지만 많은 돈을 벌어 보고 많은 돈을 관리해 보고 많은 돈을 써 보신 형님을 통해서 돈은 어떻게 벌고 어떻게 써야 하는지 우리에게 시사하는 바가 크다. 이제 영원히 우리와 함께 계시지 않은 형님께서 천상 명복을 누리시면서 성인들과 함께 영생하시길 빌어 본다.

6. 십 원의 행복

　필자가 예전부터 소중하게 생각하는 말들이 있다. 우선 "장사꾼은 1원을 보고 십리를 간다." 그리고 "티끌 모아 태산"이라는 말을 참 좋아한다. 돈을 소중하게 생각하고 모으기 위해서라면 적은 돈부터 귀하게 생각하라는 말이기 때문이다.

　요즘 필자는 운동을 하면서 십 원을 모으는 재미에 푹 빠져 산다. 인터넷 금융 중에 토스라는 것이 있다. 토스 뱅크는 작은 사례를 중심으로 하는 프로젝트를 많이 하기로 유명하다. 친구에게 토스를 설치해 주거나 토스를 함께 켤 때 빠짐없이 상금을 준다.

　특히 매일매일 운동을 하면서 받는 상금은 그 재미가 쏠쏠하다 여기에 한 번 빠지면 중독에서 헤어나기가 쉽지 않다. 매일 천 보를 걸으면 10원을 주고 오천 보를 걸으면 또 10원을 주고 만 보를 달성하면 20원을 준다. 하루 만 보를 걸으면 총 40원을 받을 수 있다. 운동하면서 주어진 임무가 있는데 임무를 완수할 때마다 20원씩을 준다. 총 다섯 곳을 방문한다고 하면 백 원을 받을 수 있다. 토스 걷기 대회에 참석하고 10번 인증하면 총상금을 N분으로 나눠서 월요일 상금으로 입금해 준다. 토스 앱에서 매일 누르기만 하면 오전, 오후 두 번에 걸쳐 20원을 주고 행운 복권을 선택하면 상금을 준다. 이 외에도 다양한 상금을 받을 수가 있다.

이 바쁜 세상에 방송과 신문을 보면 몇 천만 원, 몇 십억 이야기를 수 없이 듣고 사는 세상에 10원짜리 코 묻은 돈에 열광하느냐고 말씀을 할 테지만 적어도 필자는 십 원의 행복에 푹 빠져 산다. 특별한 일이 있어 하루라도 빠지고 나면 찜찜한 것이 다른 일이 손에 안 잡히니 가히 중독 증세가 심하다 하겠다.

요즈음은 서울시를 포함해서 지자체가 손목 닥터 사업을 활발히 하고 있는 것으로 알고 있다. 매일 걸음 수를 측정하는 워치를 무상으로 공급하고 일정 기간 목표를 달성하고 그 기간이 지나면 워치를 증여하고 다양한 이벤트에 참석할 때마다 다양한 포상금을 준다. 그렇게 모은 돈이 십만 원이 넘는다면 믿으실 수 있을까? 지금까지 모은 돈이 십만 원이 넘는다면 결국 백만 원이 될 수도 있을 거고 필자는 그 돈을 내 생에 가장 소중한 일에 쓰리라고 다짐한다.

필자가 일하고 있는 사회적 협동조합 혜민서에 봉사자로 참여하고 계신 분 중에 매일 폐박스를 수집하는 분이 계시는데, 일 년 동안 폐박스를 팔아 모은 돈으로 12월에는 쌀을 구입해서 주민 센터에 취약 계층에 계신 어르신들께 전해 달라고 기부를 하셨다. 이 얼마나 귀하고 귀한 일인가. 힘들게 노동으로 모은 돈을 나눔을 위해 쓰시는 그분을 늘 존경한다. 돈은 뭐처럼 벌어서 정승처럼 쓰라는 말이 있는데 돈은 그렇게 쓰는 거라는 가르침을 주신다.

종일 장사를 해서 꼬깃꼬깃 모은 돈을 저녁이면 다리미로 한 장씩 정성을 들여 다리고 돈을 사진에 맞추어 가지런히 정리해서 지갑에 소중히 넣어서 돈을 관리하는 분이 있었다. 그분이 물건을 사러 오면 왠지 기분이 좋아 지고 좋은 물건을 좀 더 싸게 주어야겠다는 생각을 하게 된다. 만약에 돈이 영혼이 있다면 자기를 존중해 주고, 소중하게 생각하는 사람을 부자로 만들기 위해 노력해 줄 것 같다. 반면에 돈을 아무렇게나 관리하고 주머니에 쑤셔 넣고 다니면서 술집에서 바람에 날리거나 도박판에서 탕진하고 범죄에 이용한다면 돈은 절대로 함께해 주지 않을 것 같다.

우리나라의 기부 문화도 많이 바뀌고 있다. 정부의 정무직 1급 이상들은 연간 총 연봉의 10% 이상을 사회 공동 모금회에 기부하게 되어 있다고 알고 있다. 얼마 전 고려대학교에 국내 사립 대학교 기부 금액 중 가장 큰 금액인 630억이 익명으로 기부되었다. 김동원 총장은 기부자가 절대로 익명을 요청하셨기 때문에 밝힐 수는 없지만 고려대학교 발전을 위해 소중히 쓰겠다며 감사를 표했다.

요즘은 각종 향우회나 동창들 모임에 가면 단연 가장 인기 있는 이슈는 부영그룹 이중근 회장님 이야기이다. 초등학교, 중학교를 함께 다녔다는 인연으로 현금을 일억씩을 받았다. 같은 연배의 고등학교 친구들에겐 오천만 원, 고향 마을 사람들에게도 일억씩을 주고 일가친척에게도 일억씩을 주어 총 1,400억을 나눔으로 쓰셨다니, 국내 나눔 역사상 최대 금액이 된다고 한다. 아름다운 미담을 넘어 세간에 이슈가 될 충분한 이유가 있다. 필자는 먼발치서 몇 번 뵌 적은 있지만 정말 존경스럽기 한이 없다.

우리는 종종 평생 모은 돈을 기꺼이 사회에 환원하시는 분들의 기사를 종종 볼 수가 있다. 참 대단하시다는 말과 함께 마음이 훈훈해짐을 느끼곤 한다. 많은 재산 중에 일부 재산을 기부를 하시는 분도 그렇지만 당신의 전 재산을 기부하시는 분들이 삶의 궤적을 살펴보면 근검절약을 실천하시고 당신보다는 타인을 배려하고 보살피는 애민정신은 두고두고 귀감이 된다.

'돈은 많으면 많을수록 좋다.'라는 말이 있는데 필자는 '돈을 이기고 다룰 수 있는 능력이 있을 때 해당되는 말이다.'라고 말하고 싶다. 얼마나 많은 사람들이 감당할 수 없는 돈을 가지고 죄를 짓고 인생의 깊은 수렁으로 빠지는지 우리는 수없이 보면서 살고 있다. 성경 말씀에는 부자가 천국에 가는 것은 낙타가 바늘귀를 통과하는 것보다 어렵다고 했다. 일부 오역 논쟁도 있지만 부자의 탐욕과 더 많은 부의 축적을 위해서 주변을 돌보지 않고 스스로 외톨이가 되어 가는 사람을 우리는 흔히 볼 수 있다.

돈은 역량이 있는 사람, 돈을 가질 자격을 갖춘 사람을 원하지 않을까? 돈을 소중하게 생각하는 사람, 돈의 가치를 존중하고 꼭 필요로 하는 사람, 필요한 곳을 찾아서 적재적소에 돈을 쓸 줄 아는 사람을 원하지 않을까? 돈을 벌기 위해서 열심히 일하는 사람들에게 부탁하고 싶은 말이 있다. 왜, 무엇을 위해 돈을 벌어야 하는지 한 번쯤 고민을 해 보라. 요즈음 젊은이들이 사용하는 줄임말 중에 '워라밸'이 있다. 일과 생활과 함께 균형을 맞추어 가는 것이 어떨까.

돈이 세상에서 가장 소중하다고 얘기하는 사람, 돈이면 안 되는 일이 없다고 하는 사람들이 많다. 하지만 사랑이 돈보다 좋다고 외치는 가수도 있고, 사람 나고 돈 났지 돈 나고 사람 났냐고 외치는 사람도 많다, 여기에 비할 수는 없으나 정성과 따뜻한 마음만은 부족하지 않은 기부자도 필자 주변엔 너무 많이 있다.

노년을 홀로 외롭게 사시는 홀몸 어르신들을 위해 매월 정액을 후원해 주시는 분들, 누가 봐도 도움을 받아야 할 것 같은데도 수급비를 모아서 큰돈을 기부해 주신 어르신, 함께 소원 여행을 함께 갈 수 없다면서 하얀 봉투를 건네주시는 어르신, 당신의 전 재산인 LH 전세 보증금을 사후에 혜민서에 기부하고 싶다고 그 방법을 가르쳐 달라고 하시는 어르신들이 그런 분들이다.

같은 값이면 혜민서 제품을 구매해 주시는 후원자님, 340회 째 매주 목요일이면 어김없이 봉사에 참여해 주시는 봉사자님, 한 푼 사례도 없이 많은 시간 노력을 기꺼이 나누고 계신 임원님들이 봉사와 나눔의 신들이다. 이러한 나눔과 배려하는 정신이 두레 정신이고 품앗이 정신이 아닐까 생각한다. 이러한 정신에서 자연적으로 생성되는 따뜻한 공동체야말로 우리가 꿈꾸는 이상향이라고 생각해 본다.

> "잘되면 뛰어난 사업가이고, 잘못되면 사기꾼이 되는데도
> 미련을 버리지 못해 뜬구름을 좇는 사람을 보면
> 안타까운 마음을 금할 수 없다."

"땅벌 집 보고 꿀 돈 내어 쓴다.
너구리 굴 보고 피물돈 내어 쓴다."

돈과 관련된 속담이다. 아직 실현되지도 않은 수입원을 가정해서 빚을 내어 돈부터 쓰고 보자는 심보를 가진 사람을 일컫는 말이다. 수입이 일정하지 않고 노력의 대가가 아닌 큰돈을 머릿속에 넣고 궁리만 한다. 될 거라는 가정 하에 지출을 결정하고 소비를 하다 보니 결국 타인에게 손해를 입히고 사기꾼이라는 굴레를 벗어날 수 없다.

필자가 피아노사를 운영하던 시절에 만났던 고객 중에 이 속담처럼 사시는 분이 계셨다. 피아노 판매가 엄중하던 시절에 y회장이라는 분을 모시고 친구가 찾아와 피아노를 선뜻 구입하겠다고 해서 가뭄에 단비를 만난 듯 최고의 예우를 갖추고 대접을 해 드렸다. 피아노 한 대 값이 웬만한 집 한 채 값이 다 되는 백만 원이 넘을 때다 보니 서울에서도 피아노를 갖고 계신 집이 드물던 79년도쯤 일이다. 피아노 판매가 쉽지 않은 때이다. 계약서를 쓰고 대금을 주시는데 삼백만 원짜리 어음을 주시는 거다. 당시만 해도 어음 거래는 흔한 일이고 당시 장관 이름을 줄줄이 꾀고 국회의원을 동네 친구처럼 불러 대니 기가 죽을 수밖에 없었다.

총 금액에서 피아노 대금과 이자를 제외하고 나머지 돈을 현금으로 계산을 해서 돌려드렸다. 어음 만기일에 추심을 넣으니 어음이 부도가 났다는 것이다. 깜짝 놀라서 전화를 드리니 미안하다고 하면서 지금 일 때문에 롯데호텔에서 모 장관을 만나서 미팅을 하고 있으니 롯데호텔 커피숍으로 오라고 한다.

롯데호텔 커피숍에 가니 모 장관은 방금 가셨고, 비서 실장이라고 하면서 인사를 시켜 주고 날 들으라는 듯 사업 이야기를 이어 가고 있었다. 옆에서 듣다 보니 꽤나 큰 사업이고 성공 확률도 높아 보였다. 호기심을 갖고 앉아 있는 필자에게 이번 일이 잘되면 피아노를 좀 팔 수 있겠다, 연주용 독일산 그랜드 피아노와 어프라이트 피아노를 준비해 두라고 했다.

동석자가 자리를 떠나고 나서 차 한 잔을 더 시켜 주고 나서 천만 원짜리 어음을 내어 놓고는 틀림이 없는 수표니 너무 걱정하지 말고 이자를 제외한 금액을 자기 통장에 넣어 달라고 한다. 사는 집이 강남 역삼동 S아파트이고 큰 자가용에 친구를 기사로 쓰고 있는 회장님께서 설마, 하는 마음으로 잔금을 입금시켜 드렸다.

이렇게 시작된 거래가 삼천만 원이 되고 나서야 잘못되고 있다는 것을 알았으니, 나도 참 어리석었다. 한 번 더 신중하게 생각해 보고 의심도 해 봐야 하는데 사업에 경험도 없고 남의 말을 잘 믿는 성격 때문에 나도 모르게 깊은 수렁으로 빠져 들어가고 있었다.

집은 월세이고 차는 친구 차이며 모든 것이 거짓투성이라는 것을 알기까지 얼마 걸리지 않았다. 더욱이 놀란 것은 그 집 식구들이었다. 부인과 딸 둘이 있었는데 최고급 양장 옷과 최고급 외제 가방과 장식품이 아니면 상대를 안 하고 식당은 최고급 레스토랑에 다니는 헤어숍은 연예인들이 다니는 일류 헤어숍이고 친구들을 만날 때는 최고급 호텔 커피숍을 주로 이용한다.

채권 추심차 새벽에 집에 들어가 난리를 쳐도, 피아노를 들고 나와도, 아버지와 큰소리로 싸움을 해도 신경을 쓰는 사람이 없었다. 나중에 알게 된 일이지만 이런 일을 하도 당하다 보니 면역이 생겨서 그렇단다. 몇 달씩 월급이 밀려도 기사 일을 그만두지 못하는 친구도 그렇고, 돈이 떨어지면 아파트 슈퍼에 가서 라면을 외상으로 사다 먹고, 무슨 돈이든 돈이 들어오면 고급 레스토랑에서 식사를 하던 그 집 식구들을 보면서 느낀 점은 한심하다는 것이다. 왜 그렇게 사는지 알 수가 없다. 지금도 그 생각을 하면 쓴 웃음이 나온다.

그런데 지금도 막연한 한탕주의를 노리는 사람들이 많다는 것이 문제다. 이번 일은 틀림이 없다, 이번 일만 잘되면 모든 것을 해결할 수 있다고 믿으면서 시간과 청춘은 허비하는 사람들이 주변에 너무 많다. 잘되면 뛰어난 사업가이고 잘못되면 사기꾼이 되는데도 미련을 버리지 못해 뜬구름을 좇는 사람을 보면 안타까운 마음을 금할 수 없다.

혜민서 어르신 중에서도 돈과 관련된 일에는 상반된 생각을 갖고 계신 분들이 많다. 심층 면담을 통해서 알게 된 내용 중 몇 가지만 소개하도록 한다.

심모 할아버지 분명 도와주는 자식도 없고 당신의 수입도 없다. 통장에 잔고도 몇 백만 원에 불과하다. 누가 봐도 무조건 기초 생활 수급자이고 노령 연금 수혜 대상자이다. 그런데 이 분은 수급 신청을 하나도 하지 않았다. 왜 그러시냐고 물으니 아직은 몸이 성해서 폐박스를 수집해도 혼자는 먹고살 수 있고 어르신을 대상으로 하는 근로에 참여해서 내 힘으로 고기도 사 먹고 극장에도 가고 할 수 있는데 무엇 때문에 국민 세금을 축내느냐고 하시면서 오늘도 열심히 폐박스를 수집하고 계신다.

오모 할아버지 새벽에 산책을 하시는 걸 뵈면 나보다 더 열심히 운동을 하신다. 옷도 잘 챙겨 입고 시장에 가셔서 해장국도 잘 사 드신다. 그러면서도 아르바이트나 아파트 내 실버 택배를 할 수 있도록 배려를 해 드려도 일절 참여를 안 하신다. 이유를 물으니 통장에 돈이 들어와서 수급비가 깎이거나 취소가 되면 큰일이 나니 아예 일할 생각을 안 하신단다. 건강을 위해서도 운동 삼아 일을 하면 좋을 텐데 나라에서 꼬박꼬박 기초 생활 수급비, 의료 급여, 주거 급여, 노령 연금을 챙겨 주는데 왜 이 더운 날 일을 하냐고 오히려 나를 이상한 눈으로 쳐다보신다.

오모 할머니 수급비가 나오면 무조건 오만 원권으로 인출해서 보관하신다. 신협 직원들에게 들은 얘기로는 집에 현금이 꽤 많이 보관되어 있을 거라는 추측이다. 모든 연금과 지원금은 한 푼도 안 쓰고 모으기만 하신다. 할머니께 그 돈은 언제 쓰실 거냐고 물으면 걱정하지 마라는 대답이 돌아온단다.

돈에 대한 무한 애정을 갖고 있고, 돈에 대한 집착하는 할머니들은 굶어도, 배가 고파도 돈은 절대로 못 쓰신다. 안타까운 마음에 다양한 방법으로 설득해 보지만 우이독경이요, 마이동풍이다. 나중에 쓸 때가 있다고, 나중에, 나중에를 말하며 미루다 보면 결국 그 돈은 나쁜 놈들이 차지하거나 국가 소유가 될 것이 확실하다.

어르신을 모셔 온지도 벌써 8년이지나 9년째로 접어든다. 정말 많은 분들을 만나고 이별을 하면서 어르신의 개별 삶만큼이나 사연도 많다. 천수를 다하시고 내 손을 잡고 돌아가신 분, 저녁에 인사를 나누고 새벽에 황급히 떠나신 분, 찾아가 대화 좀 하자 문을 두드리는 나에게 나 안 죽었고, 안 죽는다고 소리쳤지만 새벽을 넘기지 못하고 지구별 여행을 마무리해서 내속을 뒤집어 놓고 떠나신 분. 사연도 많고 애환도 많다.

어르신들께 봉사를 하면서 또 하나 느낀 점은 처음에는 감사하고 소중하게 생각하는 어르신들도 시간이 좀 지나면 당연한 것으로 받아들여지고 나중에는 그것이 권리가 되어 오히려 봉사자들에게 호통을 치시는 분들이 계시다. 자연스럽게 이런 분들은 봉사자님들이 기피하고 싫어하신다. 반대로 꼭 시간을 맞춰서 기다리셨다가 박카스나 베지밀을 손에 쥐어 주며 고맙다 너무 감사하다, 이렇게 더울 때는 안 가져다줘도 된다는 말씀을 하시며 늘 감사하시는 어르신들은 봉사자들이 당연히 좋아하면서 무엇이든지 하나라도 더 챙겨 드리고 싶어 한다.

혜민서에 반찬을 신청하신 어르신의 자료를 보면서 이 분은 꼭 만나뵙고 수혜자 여부를 결정해야겠다고 마음을 먹고 봉사자 두 분을 먼저 보내 사전 조사를 부탁했다. 봉사자 두 분이 상담한 내용은 대충 이렇다.

분명히 아들딸이 있다는 것과 주민 센터나 정부에서 어르신께 제공하는 다양한 복지 정책은 전문가 수준이셔서 오히려 배웠다고 했다. 의료 급여를 통해서 종합 병원을 휴가처로 삼고 LH 공사에서 제공하는 임대 아파트가 배정이 되었는데 너무 좁아서 입주를 포기할 거란다. 상담을 위해 잠시 머무는 중에도 수시로 전화가 울리고 통화 내용을 들으니 여행을 기획하고 있더라고 한다.

우리 혜민서 외에도 무료 급식이나 도시락을 받을 수 있는 방법을 모두 알고 계신 분이라고 보고를 받았다. 당연히 밑반찬 제공은 거절되었다. 수급자가 되기 위해서 위장 이혼을 하고 자녀들과 연락이 안 되는 것처럼 거짓말을 하고 금융 재산을 숨기기 위해 타인의 이름을 사용하고 부동산은 사전 상속을 해서 실버 빈곤인 척 행세를 하면서 사는 어르신들이 의외로 많다. 어르신을 위한 다양하고 촘촘한 복지가 우리나라에 잘 만들어져 있다. 이러한 제도를 악용하는 사례들이 없도록 잘 살펴봐야 할 일이다.

7. 돈은 어떤 사람을 좋아할까

 필자가 생각하는 돈은 돈에 집착하는 사람, 탐욕스러운 사람, 돈을 홀대하는 사람, 돈의 능력을 믿고 나쁜 짓을 일삼는 사람, 남의 것을 억지로 자기 것화하는 사람, 돈으로 권력을 사려고 하는 사람, 노력 없이 공돈을 원하는 사람, 돈을 주인으로 섬기는 사람, 일주일 동안 토요일만 기다리면서 사는 사람, 돈을 장판 밑에 가두어 두는 이런 사람들을 싫어할 것 같다.

 돈을 벌 때보다 쓸 때가 행복한 사람, 나눔이 생활화된 사람, 환경 문제, 어르신 문제, 기후 문제, 지구 빈곤 문제 등 지역 공동체를 위해 늘 고민을 하고 나눔을 실천하는 사람. 이런 사람을 돈은 좋아할 것 같다. 카를 마르크스는 돈은 신도 못하는 일을 해낸다고 했다. 자본주의 사회에서 돈의 의상을 잘 나타내는 말이다. 이처럼 우리가 살아가는 데 있어 돈은 꼭 필요한 존재이며 많은 것을 가능하게 만들어 준다는 것을 필자도 인정을 한다.

 한때는 그랬다. 고성장 시대 절대적 가난의 고리를 끊어 버리자고. 온 국민이 자기를 희생하고 불이익 정도는 참던 시기가 있었다. 경제 성장을 위해선 노동자의 권리, 환경 문제, 부의 집중, 사회적 약자의 인권 문제, 국민의 안전 등은 잠시 뒷전으로 하고 개인의 이익은 잠시 양보하던 시절, 관공서 급행료가 당연시되고 웬만한 부정과 탈법은 미덕으로 알던 시절이 있었다.

사람이 필요에 의해서 만들어진 돈이란 것이 사람을 노예화하기 시작했다. 재화를 구매할 때에야 필요했던 것이 먹고살기 위한 절대적인 존재가 되다 보니 먹고살기 위해 돈을 벌어야 하는, 그래서 일을 해야 하는 시대가 되었다.

하지만 황금만능주의는 바람직하지 않다. 돈으로 돈을 버는 세상, 모든 가치를 돈으로 환산하고 언제부터인가 사회에 만연되어 있는 돈으로 모든 것을 해결할 수 있다고 믿는 사람이 많다. 부모님에게 용돈 몇 푼으로 자식된 도리를 다했다고 생각하고 자신의 과오를 돈으로 해결하고자 하는 사람, 돈으로 세를 과시하는 사람들이 주변에서 흔히 볼 수 있다.

잘사는 것에 대한 기준도 정확히 정의하지 않은 채 단순히 잘살고 있다고 믿는 경우를 종종 본다. 단순히 다른 사람의 기준으로 돈을 많이 벌거나 좋은 직장에 다니거나 좋은 집에 살고 좋은 차를 타고 다니는 사람을 기준으로 삼고 있는데 그것 많이 잘살고 있는 척도가 되어서는 안 된다.

돈에게 돈을 묻다

- 박송인

박송인

이메일: songhwa59_@naver.com
블로그: https://blog.naver.com/songhwa59_

학력
- 일본어 전공
- 일본 현지 어학연수 3년

경력
- 파고다외국어학원 일어 강사 8년
- 메이드유의원 본사 본부장 6년

자격
- 일어능력평가 JLPT 1급
- 국가공인 피부관리사
- 한국심신의학협회 명상지도자 과정 이수

돈이 인생의 전부일까? 돈이 있어야만 행복한가? 어릴 때 이런 고민을 했던 시절이 있었다. 부모님의 보호 아래 살아가던 유년기 시절에는 돈에 대해 그다지 심각한 고민을 하지 않고 살았던 것 같다. 그래서 작은 것에 만족하면서 살 수 있다면 부자보다 행복할 수 있을 것이라고 여겼다. 작은 것에 행복감을 느끼고 작은 것에 만족하며 살자고 스스로 다짐했던 기억이 난다.

그런데 점점 나이를 먹어 감에 따라 작은 행복이란 것이 그리 간단하지 않다는 것을 깨달았다. 작은 행복은 돈을 충분히 벌어 놓은 사람이나 계속해서 돈을 벌 수 있는 사람이 누리는 일종의 사치였다. 물론 간혹 경제적인 여유와 상관없이 자신 삶에 만족하는 사람이 있다. 그리고 종교에 귀의해서 물질보다는 영성에 뜻을 두고 살아가는 사람도 있다. 그렇지만 그런 사람들은 소수에 불과하다. 대부분의 사람은 돈을 중요하게 생각하고 더 많은 돈을 필요로 하고 있다.

『세이노의 가르침』에서 저자는 "돈은 단지 돈일뿐이다."라고 했다. 이 글을 읽는 순간 "산은 산이요, 물은 물이로다."라는 말이 떠올랐다. 아니, 산은 산이고 물은 물이란 것을 모르는 사람이 어디 있는가! 그런데 이 말은 깨달음의 화두로 자주 인용되곤 한다. 만약 수행이 깊은 고승이 "산은 물이요, 물은 산이로다." 한다면 대중은 어떻게 받아들일까? 누가 어떻게 말하느냐에 따라 사람들은 그 말을 무시하기도 하고, 그 의미를 알아내고자 수많은 고민을 하고 논쟁을 벌이기도 한다.

정신세계에서는 산이 물이 되고, 물이 산이 될 수 있다. 산도 물도 모두가 하나라고 해도, 모든 것이 공(空)이고 무(無)라고 해도 말이 된다. 그렇지만 현실 세계에서는 산은 산일뿐이고, 물은 물일뿐이다. 또한 돈은 돈일뿐이다. 그렇지만 돈은 산이 될 수 있고, 물이 될 수 있고, 집이 될 수도 있고, 옷이나 가방 자동차가 될 수도 있다. 돈은 일반적인 유통 수단으로 상품의 교환을 매개하고 재산 축적 대상으로 사용하는 물건이며 사물의 가치를 나타낸다.

"돈은 단지 돈일뿐이다." 이 말은 돈이란 것은 그 자체로는 아무런 가치가 없는 단순한 종이임을 의미한다고 볼 수도 있다. 그러나 사람들의 손을 거치는 동안에 그것을 어떻게 사용하느냐에 따라 여러 가지 의미 및 가치를 갖게 된다.

철학자 니체(Nietzsche, Friedrich Wilhelm)는 정당한 소유는 인간을 자유롭게 하지만, 지나친 소유는 소유 자체가 주인이 되어 소유자를 노예로 만든다고 했다. 욕심, 결핍, 전쟁, 지배 같은 인간의 부정적인 마음이 돈에 붙으면 검은 돈이 될 것이다. 반면 돈에 좋은 에너지 즉 사랑과 감사를 담아서 쓰면 그 가치와 의미가 더욱 좋아질 것이다.

돈은 사람들이 생활을 유지하고 성장하는 데 매우 중요한 역할을 한다. 돈은 우리 삶에서 교환 매체 역할을 한다. 상품이나 서비스를 구매 혹은 판매할 때 사용되며. 가치 보관, 투자와 자본 형성 수단, 소비 촉진 역할 등을 한다. 또한 우리가 돈을 사용하여 상품과 서비스를 소비하면 기업들은 더 많은 상품과 서비스를 생산하고 일자리를 창출할 수 있으며 경제 성장을 촉진한다. 그래서 돈은 돌고 돈다고 했다. 돈이 밝고 건강하게 돌고 돌아야 모두가 조화롭고 행복하다.

나에게 오는 돈은 어떤 빛이고,
나에게서 나가는 돈은 어떤 빛일까!

1. 돈에게 소리치다

대부분 질병의 원인은 심인성이라고 얘기한다. 그리고 만병의 근원은 스트레스라고 말한다. 심리적인 스트레스는 그만큼 인간의 삶에 부정적이고 치명적이다. 돈이 부족하거나 빚이 많은 등 경제적인 불안정성은 매우 큰 스트레스 요인이 된다.

나 역시 돈에 대한 스트레스가 많았다. 이런 스트레스에서 벗어나고자 이리저리 발버둥 쳐 보았지만 돈의 압박에서 벗어난다는 것은 낙타가 바늘구멍을 통과해야 하는 것만큼 어렵고 또 어려웠다. 숨이 차오르고 답답한 가슴을 두드리며 지새운 밤을 이루 헤아릴 수가 없다.

월초가 되면 카드값 걱정하며 탁상용 달력에다 빼곡히 적은 놓은 숫자들, 월급날이 되면 바로 내 통장에 흔적만 남기고 나가 버리는 돈 그리고 다시 카드로 생활을 시작하는 모습들. 받아들이기 힘든 상황들이 다람쥐 쳇바퀴 돌듯 반복되었다. 돈이 없어서 돈 걱정으로 고민했던 시간이 길었기에 돈 스트레스 대처 방법을 찾으려고 무던히도 노력했다.

그런데 언젠가부터 돈이 아니라 스트레스로 인한 건강이 더욱 큰 문제로 떠오르기 시작했다. 잠자리에 누워 눈을 감으면 이대로 영영 못 일어날 것 같은 불안감이 밤마다 괴롭혔다. 심각한 질병 진단을 받을 것만 같아 건강 검진을 받기도 무서웠다. 이렇게 사람이 죽는구나, 하는 생각이 문득문득 떠오르곤 했다.

이러한 괴로운 문제들을 하나하나 해결해 나가게 된 계기는 지인의 소개로 시작한 명상 프로그램을 통해서였다. 처음 상담하는 날, 명상을 통해서 뭘 얻고 싶으냐는 물음에 나도 모르게 가슴이 뻥 뚫렸으면 좋겠다고 대답이 나오는데, 그 순간 눈물이 핑 돌았다. 하루를 살아도 오직 가슴 편하게 살고 싶은 마음뿐이었다.

건강 악화의 주요 원인은 스트레스였고, 그중 돈이 큰 비중을 차지하고 있었다. 시커먼 돈의 그림자가 실타래 엉키듯 똘똘 뭉쳐져 집채만큼 큰 바윗덩이로 어깨와 가슴을 사정없이 짓누르고 있었다. 차돌멩이가 뒷목에 박혀 숨구멍을 막고 있는 듯 했다.

명상을 하며 그동안 못 보던 것들을 보게 되었다. 무엇보다 크게 놀란 것은 돈에 대한 나의 부정적인 태도였다. 나는 돈을 좋아하는 줄 알았는데 그렇지 않았다. 현실 의식에서는 돈을 그렇게 쫓았지만 내면 무의식에서는 돈을 거부하고 있었다. 현실의 나와 무의식의 나는 그렇게 따로 놀고 있었다. 내 마음 나도 모른다더니 이를 두고 하는 말이 분명하다.

검소하고 금욕적으로 평생을 살다 가신 아버지의 영향 때문일까. 나는 돈을 탐욕, 불행과 동일시하고 있었다. 돈이 많으면 타락한다는 생각, 돈이 많으면 부모 형제와 분란이 일어난다는 생각, 돈을 벌려고 애쓰는 것은 하찮은 일이고, 명품을 사거나 돈으로 즐기는 것은 수준 낮은 행동이라고 여기고 있었다.

결론적으로 이러한 돈에 대한 부정적인 마음 작용이 돈을 내게서 멀리 멀리 떠나가도록 했다. 나는 돈에게 끊임없이 소리치고 있었다.

"이놈의 돈 지긋지긋해!"
"돈 꼴도 보기 싫어!"
"돈 없는 세상에서 살고 싶어!"

2. 돈에 대한 그림자

　돈에 대한 최초 기억은 중학교 때 육성회비를 늦게 내어 교무실로 불려 갔던 일이다. 당시에는 아버지가 종교인으로 포교 활동에 매진하던 때라 경제적 힘듦을 당연히 여기고 있었다. 그렇지만 매번 교무실에 불려 가는 것은 정말 창피했다. 아버지는 왜 세상의 많은 직업 중에 종교인 길을 택해서 경제적으로 나를 힘들게 하시냐고 원망도 많이 했다. 그렇게 생각한 내가 참 철이 없었다는 반성도 하긴 했지만 그것은 먼 훗날의 일이다.

　초등학교 시절은 이사와 전학의 연속이었다. 초등학교만 다섯 군데를 다녔다. 중간에 버스를 타고 다니기도 해서 이사는 더 많이 했던 것 같다. 아버지가 종교인으로 포교 활동을 하셨기에 집안 형편은 여유롭지가 못했다. 고정적인 수입으로 생활을 한 게 아니었기에 최소한의 금액으로 절약하며 살았던 것 같다.

　어린 시절엔 집안 형편은 어려웠지만 나는 크게 불만은 없었던 것으로 기억된다. 돈에 대해 알 나이도 아니었고, 아마도 상대적 빈곤을 느끼지 않았기 때문이었던 것 같다. 돈에 대한 씨앗이 마음에 뿌려지기 시작한 것은 중학교에 입학하고, 정서적으로 예민해지면서부터였다.

중2 때 교복 자유화가 되면서 사복을 입고 학교를 다니게 되었다. 집안 형편이 넉넉지 못한 내게 교복 자유화는 그다지 반갑지 않았다. 등교할 때마다 뭘 입어야 할지 매번 고민스러웠다. 한창 외모에 신경 쓰는 사춘기 소녀 시절, 처음으로 경제적으로 여유로운 친구들이 부러웠고 반면에 가난한 내 자신이 초라해 보여 기가 죽곤 했다. 돈으로 인한 어두운 그림자들이 서서히 뿌리를 내리기 시작했다.

유명 브랜드 신발이 유행하면서 짝퉁 신발도 덩달아 유행했다. 나이스, 아디도스, 프로스포츠 등. 지금 생각하면 그런 내 자신이 부끄럽고 한편으로는 우습기도 하지만, 당시 유명 브랜드 운동화를 보면서 열등감 내지는 계층 의식을 느끼기도 했던 것 같다. 길거리나 버스 안에서 유명 브랜드 운동화를 신고 있는 아이들을 보면 왠지 나하고는 다른 세계에 속한 아이들 같기도 했고, 나는 그보다 낮은 위치라고 생각이 들기도 했다.

가정 환경 조사서 경제 환경 부분 '하'에 동그라미를 쳤다가 그게 부끄러워서 몰래 X표를 하고 '중'에 동그라미를 친 일도 있었다. 있어 보이고 싶지도 않았지만, 그렇다고 지나치게 없어 보이고 싶지도 않았던 마음이었던 것 같다.

그리 풍요롭지 못한 환경 속에서 자라나면서 때론 무엇인가 소유하고 향유하기를 바랐던 나였지만, 번번이 그 바람을 이루진 못했다. 그러한 결핍과 좌절들이 나를 다른 경험으로 이끌었고, 그렇게 성숙시켰고, 큰 욕심을 부리지 않고 작은 것에 만족할 수 있는 사람으로 만들었다는 생각이 든다.

고교 시절 내내 도시락 반찬이라곤 김치와 멸치 등이 전부였다. 늘 김치 냄새가 배어 있는 낡은 가방이 창피하지만, 투정도 부릴 수 없는 형편이었기에, 나의 학창 시절은 결핍과 인내가 가장 많이 차지하던 시기였다. 그래서 나에게 돈이란 절대적으로 필요하지만 늘 부족한 목마름의 대명사 같은 이미지였다.

다행히 집안 형편이 차츰 나아졌다. 기대보다 성적이 안 나와 고민 중일 때 친구들이 풀고 있는 '아이템플'이라는 문제집을 구독하면 꽤 도움이 될 것 같았다. 한 달에 4만 원이었고 시험지 형태로 풀 수 있게 되어 있는 문제지였다. 그 정도면 당연히 해 줄 거라는 생각에 엄마에게 얘기했는데, 돈 없어서 안 된다는 단호한 대답에 너무나 크게 실망을 했다. 돈이 정말 지긋지긋 했다. 돈! 돈! 돈! 뭐든 돈이 문제였다.

지금 돌이켜 보면 돈에 대한 어두운 그림자가 중고교 시절 넓게 그리고 깊게 드리워졌다. 심리학적인 의미에서 그림자란 나의 어두운 측면, 무의식적인 측면에 있는 나의 분신이라고 심리학자 칼 융(Carl Gustav Jung)은 얘기했다. 그림자가 없는 사람은 없다고 한다. 따라서 그림자가 있다는 것은 살아 있다는 증거이기도 하다.

그림자는 나의 일부이다. 거부할 수 없고, 부정할 수도 없는 나의 그림자다. 외면하고 억압할수록 그림자는 더욱 짙어진다. 마음속의 그림자에 관심을 갖고 하나씩 알아 나갈 때 우리는 보다 밝고 건강하게 살아갈 수 있다. 이제 나는 무의식에 버려져 있는 그림자가 햇빛을 볼 수 있도록 마음의 문을 조금씩 열어 가려고 한다.

그림자 또한 나의 일부다.
마음속의 그림자에 관심을 갖고 하나씩 알아 나갈 때
보다 밝고 건강하게 살아갈 수 있다.

3. 돈을 꿈꾸다

　IMF로 경제적으로 힘든 시절, 고교 단짝 친구의 친척에게 속아 엄마 돈을 사기당했다. 그 일로 인해 엄마에게 끼친 경제적 손실과 죄책감, 친구에 대한 미움, 스스로에 대한 믿음이 무너지면서 돈에 대해 더욱 주눅 들기 시작했다. 돈도 잃고 사람도 잃다 보니, 돈도 친구도 모든 것이 원망스럽기만 했다.

　학업을 마치고 인천의 한 학원에서 일본어를 가르쳤다. 돈에 대한 갈증을 해소하기에 일본어 강사 급여는 턱없이 부족했다. 그러던 차에 큰 돈을 벌 수 있으니 믿고 따라오라는 흥분된 친구의 목소리에 알게 된 것이 네트워크 사업이었다. A4용지에 동그라미 6개를 그려 놓고 그 밑으로 또 동그라미를 그리며 설명하는 수익 구조 얘기가 어쩜 그렇게 쏙쏙 이해가 되고 머릿속에 잘 박히는지, 그동안 몰랐던 새로운 뭔가를 만났다는 희망이 싹트기 시작했다.

　학원 특성상 새벽반부터 오전 강의, 그리고 저녁 강의 외의 낮 시간은 자유로워서 그 시간을 활용할 수 있었다. 서울 잠실에 있는 교육장에 매일 가서 강의를 들었다. 다양한 제품들에 대한 설명과 수익 구조에 대해서 반복해서 듣다 보니 서서히 이해가 가고 자신감도 생겼다.

앞에 선 강사들은 나와는 다른 세상에 살고 있는 듯 했다. 세련된 복장과 확신에 찬 힘 있는 목소리로 사람을 홀리듯 강의를 거침없이 했다. 주방 세제, 치약 등 생활 용품을 가지고 실험하면서 제품의 차별성, 탁월성을 설명하는 모습에 매료되었다. 강의실 맨 앞자리에 앉아서 고개를 끄덕이며 강사의 말 한마디 놓칠세라 열심히 메모하며 들었다.

강의를 하는 사업자들은 한 달에 1,000만 원 이상 벌 수 있다고 열성적으로 강의를 했다. 이 사업은 자석요, 옥매트 같은 것을 파는 다단계 회사와는 다르다고 목이 터지도록 외치며 믿음과 확신을 심어 주었다. 당시 월 1,000만 원이면 나뿐만이 아니라 많은 이들에게는 엄청난 돈이었고, 연봉 1억은 성공의 숫자나 다름없었다. 행복으로 가득한 미래의 모습이 그려지기 시작했다.

네트워크 사업은 스폰서를 잘 만나야 한다며, 내가 정말 운이 좋은 거라고, 소개해 준 친구는 우쭐거리며 얘기하곤 했다. 내가 속한 그룹의 리더는 여성 사업가였다. 아들, 딸, 사위, 며느리 모두 함께 사업을 하는데, 가족 모두가 1,000만 원 이상 벌고 있다고 자랑스럽게 말했다. 그룹 사업자들은 자신들도 곧 그렇게 될 것처럼 확신에 찬 목소리로 얘기했고, 나도 당연히 그렇게 될 것으로 믿었다.

그러했기에 인천에서 서울 잠실까지 그 긴 거리를 힘든 줄 모르고 다녔다. 친구, 선후배, 일본어 수강하는 학생들에게 열심히 설명하며 재미있게 사업을 하다 보니 내 밑으로 회원도 차차 불어났다. 매월 들어오는 돈도 조금씩 늘어 가는 맛에 그동안 돈 때문에 마음고생했던 것들이 다 보상 받는구나 생각했다.

하지만 한계가 왔다. 나만 잘한다고 되는 사업이 아니었다. 밑으로 들어오는 사업자들이 어느 정도 역할을 해야 했다. 또 나보다 사업을 잘하는 사람이 있어야지 수익이 더욱 커지는 구조였다. 그리고 매월 구매해야 하는 필요 금액이 있다 보니 회원의 구매력이 떨어지면 그 부족한 금액만큼 내가 사재기까지 해야 하는 상황이 발생했다. 이렇다 보니 시간이 갈수록 사업이 힘들어지기 시작했다. 결국 빚만 남기고 어쩔 수 없이 사업을 접게 되었다.

그렇지만 살아가려면 돈은 없어서는 안 되는 것이기에 다시 한번 마음을 내어 도전했다. 돈과 새로운 관계를 맺고자 큰 결심을 하고 지인을 통해 새로운 네트워크 사업을 시작했다. 한번 경험한 터라 원리도 쉽게 이해되고 잘하기만 하면 이번엔 정말로 경제적인 자유를 누릴 수 있겠다 싶었다.

네트워크 사업에 정신없이 빠져들었던 것은 당시 나의 상황이 매월 고정 월급을 받는 직업이 아닌 학생 수 만큼 받는 학원 강사였기 때문이다. 고정적인 급여가 아닌 것에 늘 불안과 걱정이 있어서 한 푼이라도 더 벌어야 한다는 생각이 마음에 가득했다.

결혼 후엔 남편과 자식이 있어 시간을 편히 쏟아부을 수도 없을 뿐만 아니라 남편의 눈치를 보느라 늘 조마조마하게 사업을 했다. 이 일로 이혼하자 소리까지 듣고, 또 주변 지인들에게 늘 을의 입장으로 다가가는 내 모습에 지쳐 갔다. 결정적으로 네트워크 사업을 접게 된 계기는 인간관계다.

같이 사업한다는 사실만으로 너무 좋았던 사이가 나중에는 원수처럼 변하는 것을 보게 되었다. 누군가가 사업을 잘하면 잘할수록 다른 누군가는 시기 질투 등 부정적인 감정들을 드러냈다. 내 경우가 아닌 다른 그룹에서도 이런 문제들이 발생했다. 돈과 이익 문제가 생기면 인간관계에 문제가 생긴다는 것을 가슴 깊이 알게 되었다.

무엇보다 네트워크 사업은 큰 자본 없이 시작할 수 있어서 내겐 좋은 기회였다. 품질도 좋고 누구나 쓰는 물건들이어서 진입 장벽이 낮다는 얘기에 솔깃했다. 그리고 어차피 쓰는 생필품이다. 그동안 쓰던 것들 다른 회사 제품으로 바꿔 쓰기만 해도 돈이 된다고 쉽게 생각했다.

그러나 그 희망은 그리 오래가지 않았다.
돈 버는 일이 그리 쉽게 되지 않음을
뼈저리게 알아차렸을 뿐이다.

4. 돈이 얘기하다

　돈을 알아야 부자가 되고, 부자가 되려면 돈을 알아야 된다고 한다. 돈으로부터 스트레스를 덜 받고 돈의 주인으로서 돈을 잘 활용하려면 돈에 대해서 공부하라고 얘기한다. 나는 반대다. 먼저 돈과 친해지라고 말하고 싶다. 그것은 공부로 지식으로 되지 않는다.

　돈은 울거나 웃는 등 인간의 감정을 느낄 수는 없다고 흔히들 생각하지만, 사실 돈에도 감정이 있다. 나는 이 말을 믿는다. 내가 돈에 매달리는 것이 아닌 돈이 나한테 매달리게 해야 한다. 은행은 돈과 사귀는 방법을 가장 잘 보여 주는 곳이다. 직원들의 일 처리 방법을 보면 내가 돈의 주인인지 노예인지를 금방 알 수 있다.

　누군가가 나에게 달려와 주길 바란다면 내가 그만큼 먼저 다가가고 관심을 갖고 애정을 줘야 상대도 나에게 호의를 보이고 상호 작용하게 된다. 돈 또한 내가 먼저 관심과 사랑을 줘야 한다. 적은 돈이라도 허투루 쓰지 않고, 내 돈 중에 관심받지 못해 방치된 게 없는지, 굴러가지 않고 노는 돈이 있는지 수시로 체크하고 관심을 가져 줘야 한다.

　이런 것들은 공부나 지식으로 되는 게 아니다. 바로 마음이다. 사랑이 공부나 지식으로 안 되듯, 돈에 대한 마음 또한 이와 같다. 돈과 친해지려면 돈에 대한 순수한 마음이 필요하다.

돈과 행복은 어떤 관계일까. 돈이 과연 행복을 가져다줄까? 돈은 행복을 증진시킬 수 있는 요소이지만 그 자체로 행복을 보장해 주지는 않는다. 그렇지만 돈은 행복에 기여할 수 있는 여러 가지 측면이 있다.

일단 돈이 주는 경제적 안정감은 기본적인 생활 수준을 충족해 준다. 그리고 삶 속에서 자유와 선택의 폭을 넓혀 준다. 또한 돈은 인생에 있어서 진통제 역할을 한다. 돈만으로 사람을 온전히 행복하게 만들어 줄 순 없어도 삶의 고통을 줄여 줄 수 있다.

인간으로서 누려야 하는 근본적인 것들을 얻기 위해서는 돈이 어느 정도 있어야 한다. 일상에서 얻을 수 있는 행복의 80퍼센트는 돈과 관련 없는 것들이다. 하지만 비극의 80퍼센트는 모두 돈과 관련이 있다. 특히 늙어서 돈이 없으면 이것보다 더 비참한 게 없다. 돈이 있어서 비참한 것보다 돈이 없어 비참한 것이 훨씬 더 차고 넘친다.

돈과 행복의 연관성에 대한 많은 연구와 이론이 있다. 돈이 충분하면 긴급 상황에 대비하고 미래를 대비하는 데 도움을 줄 수 있다. 이는 돈이 스트레스를 줄이고 행복을 높일 수 있다는 얘기다. 결국 돈에서 비롯된 경제적 안정감은 삶의 질을 높이고 행복에 도움이 된다.

소비와 경험에 대한 연구에서는 경험에 따른 소비가 더 큰 행복을 가져다줄 수 있다고 주장한다. 특히 새로운 경험과 사회적 연결을 동반한 소비는 더 지속적인 행복을 제공할 수 있다고 말한다. 소비는 돈과 밀접하다. 돈 없는 소비는 거의 불가능하다. 그래서 사람들은 끊임없이 소리친다. "돈 주세요!", "돈 내세요!"

그렇지만 '적응 수준 이론'에 따르면 돈이 많아지면 우리의 욕구와 기대도 함께 증가한다. 이 얘기는 돈만으로는 행복을 영구적으로 만족시킬 수 없다는 것을 의미한다. 소득과 행복의 상관관계에 관한 연구에서도 소득이 증가함에 따라 행복도 증가하는 것은 한계가 있으며, 일정 수준 이상의 소득에서는 행복에 미치는 영향이 줄어든다고 말한다.

결국 우리가 살면서 해야 하는 중요한 것은 돈과 행복 사이의 균형을 유지하는 것이다. 돈을 얻기 위해서는 뭔가를 희생해야 하는데, 어떤 희생은 오히려 행복을 감소시킬 수 있다. 그러려면 가치와 목표를 설정하여 돈 이외 삶의 측면에도 주의를 기울이는 것이 필요하다.

돈에 관심을 갖다 보니 돈이 하는 이야기가 들린다. 먼저, 지혜로운 소비를 하라는 것이다. 소비는 단기적인 행복을 제공할 수 있지만, 오래 지속되지 않을 수도 있다. 긍정적인 경험을 즐기는 것에 돈을 사용하거나, 사소한 일상적인 즐거움을 찾는 등 소비의 방향을 행복에 기여하는 요소로 유도할 수 있다.

그다음은 부자라는 생각이 부자를 만든다는 것이다. 『더 해빙』의 저자 이서윤은 돈을 쓰는 순간 '가지고 있음'을 '충만하게' 느끼면 그것이 곧 Having이며 부를 끌어당기는 힘이자, 부자가 되는 가장 간단하고 효율적인 방법이라고 했다. 단순히 부자라는 생각으로 되는 것이 아니라 풍요로운 의식이 중요하다. 100억이 있어도 빈곤한 의식으로 사는 사람이 있고, 노점상을 해도 푼돈을 모아 기부를 하는 사람이 있다. 풍요로운 의식으로 생활을 하면 풍요로움을 끌어올 수 있다. 사회를 위해서 재능을 쓰고 번 돈을 다른 사람과 나누어 가짐으로써 더욱 풍요로워진다.

그리고 무엇보다 중요한 것이 감사와 만족이다. 돈에 초점을 두기보다는 현재 상황에 만족하고 감사하는 마음가짐을 유지하는 것이 행복을 높일 수 있는 방법이다. 돈이 나지막이 속삭인다.

"나에게 집착하지 말아요. 나는 행복 전도사입니다.
모든 사람에게 기쁨과 행복을 전하고 싶어요.
그러니 나를 가둬 두지 말아요."

5. 돈에게 아버지를 듣다

나는 돈에 대해서 서서히 알아 가고 있다. 적어도 과거의 언제처럼 집착하지는 않게 되었다. 마음에 여유가 생겼다고 할까. 화창한 어느 날 시내 대형 서점을 찾았다. 그날도 어김없이 부자가 되는 방법을 찾아, 재테크 방법을 찾아 이 책 저 책에 손때를 잔뜩 묻히고 있었다. 대부분 알고 있는 내용들이지만 볼 때마다 느낌은 새롭다.

빌 게이츠(Bill Gates)가 했다는 말에 시선이 멈추고 발걸음도 따라 멈추었다. 분명 어디선가 본 글이다. 그런데 오늘 유독 이 글이 가슴에 맴도는 것은 왜일까.

> *"내가 가난한 게 태어난 것은 내 죄가 아니나,*
> *내가 가난하게 살다가 죽는 것은 내 죄이다."*

나는 많은 사람들을 원망했다. 그들 때문에 힘겨운 나날을 보내고 있는 피해자로만 생각했다. 그래서 그들을 용서한다고 참회도 하고 기도도 많이 했다. 그런데 가슴속의 이 느낌은 무엇일까. 오늘 뭔가 중요한 일이 벌어지는 듯하다. 나는 누구를 그렇게 미워하고, 무엇을 그렇게 원망했던가. 순간 아빠의 얼굴이 아련히 스쳐 지나갔다.

아버지는 1930년생이시다. 일제 강점기에 하동 섬진강이 보이는 경치 좋은 곳에서 4남 2녀 중 삼남으로 태어나셨다. 아흔아홉 칸 아주 부유한 집으로, 동네 사람들이 아버지 집안 땅을 밟지 않고는 못 다닌다고 할 정도였다고 한다.

하지만 편안한 세월이 아니다 보니 삶의 굴곡이 참 많으셨다. 무슨 연유인지 그 많던 재산이 눈 녹듯 다 사라졌다. 학교도 다니다 중도 포기하게 되고, 6.25 전쟁 중에 부산으로 피난 가셔서 쌀장사를 시작하셨다. 다행히 장사도 잘되고 겨우 안정이 되나 싶었는데 폐결핵에 걸리셨다.

그 당시에 폐결핵은 죽을병이나 마찬가지였기에 아버지의 고통은 이루 말할 수 없으셨으리라 짐작이 간다. 그때 종교를 만나서 정말 간절하게 신앙을 하시면서 몸이 완쾌되었다. 그 길로 하시던 장사는 접으시고 모든 걸 다 종교에 기부하시고는 포교를 시작하셨다. 그때부터 수행자로서의 삶이 시작된 것이다.

아버지는 매일 밤 기도 전에 냉수마찰을 하셨다. 집에 온수가 없었던 당시, 한겨울이면 얼음을 깨면서 냉수마찰을 하셨다. 이렇게 본인 자신에게는 지나치리만큼 엄격하셨다. 하루도 빠짐없이 전도하러 나가서 많은 분들에게 좋은 교리를 전하면서 사람들이 행복하게 살기를 바라셨다.

아버지는 평생을 근검절약으로 사신 분이다. 여러 가지 이유로 보름은 인천 집에서 보름은 부산 종교 시설에서 생활하시며 포교를 하셨는데, 돈을 절약하시느라 항상 비둘기 완행열차를 타고 다니셨다. 지금의 기억으로도 아버지는 인천 집으로 오실 때는 항상 아침이었다. 밤새 비둘기호를 타고 오신 것이다.

포교를 열심히 하신 아버지의 노력과 수고 덕분에 신자도 늘고 모든 상황이 여러모로 좋아졌다. 새마을호를 타고 다녀도 되는 형편이었는데도 아버지는 그 연세에도 매달 왕복으로 두 번씩 비둘기호를 타고 부산을 다니셨다. 신자 분들은 항상 말씀하신다. 아버지의 큰 수행 덕분에 지금 우리 형제들이 잘살고 있는 거라고.

돈에 대한 그림자는 아버지로부터 시작되었다. 부정할 수 없는 사실이다. 아버지와 맞물려 돌아가는 돈은 온통 포교에 쓰였다. 그래서 원망도 많았다. 아버지가 날 이렇게 낳아서, 아버지가 종교 활동을 하는 바람에, 그래서 나는 한없이 비참했다. 그런데 아버지는 행복하셨다. 국회의원을 하라고 해도 안 바꾼다고 하셨다. 그 마음을 이제는 조금이나마 알 것 같다.

서점을 나오니 따사로운 햇살이 참 좋다. 언젠가 본 아버지의 미소가 떠오른다. 그러고 보니 아버진 엄격하셨지만 마음이 참 따뜻한 분이셨다. 그동안 원망하느라 따뜻한 마음을 잊고 살았다. '아! 아빠'

주말엔 오랜만에 아빠 산소를 다녀와야겠다.
이번엔 원망이 아니라 눈물이 나올 것만 같다.
예쁜 꽃바구니를 가져가면 좋아하시겠지.

참고문헌

이부영 저, 『분석심리학』, 일조각, 2011.
이서윤·홍주연 저, 『더 해빙』, 수오서재, 2020.
정준우 저, 『명상의 기적』, 바이북스, 2019.
클레어 던 저/공지민 역, 『카를 융 영혼의 치유자』, 知와사랑, 2013.
세이노 저, 『세이노의 가르침』, 데이원, 2023.
김종봉·제갈현열 저, 『돈 공부는 처음이라』, 다산북스, 2023.
김승호 저, 『돈의 속성』, 스노우폭스북스, 2020.
혼다 켄 저, 『돈과 인생의 비밀』, 더난출판, 2005.

돌이켜 봐도 후회 없는 내 인생

- 이선희

이선희

이메일: seonheel@daum.net
seonheel7811@naver.com

학력

- 인하대학교 대학원 교육학과 박사과정
- 한국외국어대학교 교육대학원 졸업
- 숭실대학교 중소기업대학원 정책학과 수료
- 인하대학교 문과대학 졸업
- 서울과학기술대학교 전기공학과 졸업

경력

- 한국열린사이버대학교 사회복지학과 특임교수
- (재)인천인재평생교육진흥원 이사
- 대한적십자사 전국대의원 및 인천대의원
- 인천재능대학교 전임입학사정관 역임
- 제일고등학교 교장 명예퇴직

수상
- 대통령표창수상(국민교육발전유공)
- 국무총리 표창 수상(청소년지도유공)
- 교육부, 문화관광부, 보건복지부장관 표창 수상
- 인천광역시 모범선행 시민상 수상(청소년지도유공)
- 인천광역시 교육감 표창 4회 수상
- 적십자포장 명예장 수상(대한적십자사)
- 적십자포장 금장 수상(대한적십자사)
- 청소년 홍익장 수상(한국청소년연맹)

자격
- 교육부장관 교사 면허증(일본어, 관광, 상담, 전기), 직업능력개발훈련교사 면허증 8종(청소년지도, 평생직업교육, 여행서비스, 산업안전관리, 전기발전송배전, 전기기기제작, 전기공사, 전기설비설계) 사회복지사 등 다수

활동
- 인천교육청 시민감사관 및 시민공사감독관 활동
- 인천광역시교육청 교육정책 자문위원 역임
- 한국교원단체총연합회 전문대학정책위원회 위원 역임

1. 돈을 모르고 지냈던 철부지 소년의 학창 시절

"진정으로 부유해지고 싶다면
소유하고 있는 돈이 돈을 벌어다 줄 수 있도록 하라.
개인적으로 일해서 벌 수 있는 돈은
돈이 벌어다 주는 돈에 비하면 지극히 적다."
- 존 데이비슨 록펠러 -

돈의 의미와 가치를 몰랐던 철부지 소년, 그 소년은 커서 어떻게 될까? 그 철부지가 바로 본인인데 그간의 세월을 살며 깨달은 교훈적인 이야기를 전하고자 한다. 나는 어려서부터 누군가에게 돈을 받아 본 기억이 전혀 없다. 그래서 돈의 소중함을 잘 모른다. 나는 적은 면적의 농사를 짓는 농부의 첫째 아들로 태어나 어린 시절을 어렵게 보냈다. 6남매의 장남이라 초등학생 때부터 소가 그날 먹을 풀을 베어 와야 했다.

한번 상상해 보아라! 초등학생이 매일 풀을 베어 오는 일을…. 그런데 그 일은 초등학생 때 끝난 게 아니라 중학교와 고등학교를 다닐 때까지 계속해야 했다. 내가 착했는지 아니면 바보였는지, 한 번도 싫다고 하지 않고 그 일을 해냈다. 중학교를 졸업할 때, 부모님께서는 나에게 공고를 진학하여 빨리 취직을 하라고 하였다. 그래서 전기과를 입학하였고, 졸업하고는 조그만 전자 회사에 취직하였다.

한 달 봉급이 5,000원이었는데 그마저도 회사는 6개월 만에 부도가 나서 퇴사하게 되었다. 그 뒤, 나는 친지의 도움으로 인천의 한 회사에 취직을 하였다. 가발 제조 회사로 사원은 약 2,000명, 나는 전기실 안전 관리자로 현장에 일이 생기면 신속히 처리하는 전기 수리공이었다. 이 회사에서 나에게 행운이 찾아왔다. 많은 여직원 중에 눈에 띄는 아리따운 여성을 만났기 때문이다. 휴일에는 같이 외출하여 외식도 하고, 영화도 함께 보았다. 가족 이야기까지 주고받는 사이가 되었다. 사랑을 하려면 애정 표현도 할 줄 알고 호감도 사야 했는데 나는 그러지를 못한 애송이었다. 사실 나에게는 첫사랑이었는데, 지금도 그 여인이 생각나고 아련히 떠오른다.

상기 회사를 퇴직하고 얼마 후 철도청 공무원 채용 시험이 있어 응시하였다. 높은 경쟁률이었는데 시험을 잘 보아 합격하였기에 기쁨을 감출 수가 없었다. 당시에는 합격자를 대상으로 새마을 교육 및 실무 교육을 이수해야 했다. 교육 내용은 아침 기상과 함께 조회를 통해 새마을 노래를 합창한 기억이 난다. 열심히 이수하여 교육 성적 2등으로 동료들보다 먼저 발령을 받았다.

발령 지역은 양평이었는데 여기서 다시 원주로 배정되었고, 원주에서 또다시 간현역 전기 주재소로 배치되었다. 간현역은 아주 오지였는데 근처에는 군부대 유격장이 있었고 주말을 제외하고는 매일 군가 소리가 메아리쳤다. 간현역 주재소에는 하루에 1명씩 교대 근무하였고, 24시간을 책임지는 현장 책임자였다.

간현역에서 판대역까지 7km 거리이고, 섬강과 삼산천을 건너는 교량이 7개, 터널이 6개나 있는데 나의 임무는 이 철길 위의 전차선과 선로 점검을 해야 하는 것이었다. 중간에 기차도 만난다. 그럼 어떻게 해야 할 것 같은가? 기차와 만난 지점이 깜깜한 터널 안이라 생각해 보아라! 궁금하지 않은가! 하지만 혼자서 해결해야만 했다!

　나는 철도청에서 근무하면서 많은 걸 느끼고 배웠다. 기차는 여객 열차도 있고 화물 열차도 있다. 여객 열차는 특급도 있고 완행도 있다. 고객도 다양하다. 업무를 보기 위해 이동하는 사람도 있고 여행을 가는 사람도 있다. 화물 열차는 석탄도 싣고 각종 물건을 실어 나른다. 우리는 이를 깊이 생각하고 살지 않는데 이 모든 것을 알고 있는 철도는 답해 줄 것이다.

　여러분은 전철을 타고 다니면서 얼마나 고마움을 느끼고 있는가? 우리나라 전기 철도는 교류 25,000V, 직류 1,500V, 경전철은 직류 750V로 운용되고 있다. 이를 관리하는 현장 근무자들은 참 고생이 많다. 나는 우리가 이 고마움을 알아야 한다고 말하고 싶다. 우리나라가 세계 부국 대열에 서게 된 것도 철도의 역할이 참 컸다고 말하고 싶다. 앞으로 우리 철도가 북한을 거쳐 시베리아나 유럽을 달리는 날이 멀지 않았다고 생각한다. 그때를 생각하면서 우리나라 철도가 더욱 발전하여 세계를 주름잡는 시대가 오길 고대하고 있다.

나는 대학을 다니는 동시에 직장을 다니는 주경야독을 했다. 낮에는 서울의 한 공고에서 전기실 책임자로 근무하였다. 그러면서 경기공업전문학교(현, 서울과학기술대학교)에서 전기과를 수석으로 졸업하였다. 이후 직업훈련교사가 되어 인천직업훈련원(현, 한국폴리텍대학)에서 전기공과 학생들을 지도하였다. 당시 직업학교는 독일식 편제로 학급당 인원이 15명이었다.

1교사 책임제로 교육하여 자격증 취득에서 취업까지 한 교사가 책임지는 제도였다. 나는 우리 학생이 모두 자신의 목표를 달성할 수 있도록 최선을 다하여 지도하였다. 그래서 우리 학급은 뭐든지 일등을 하였다. 심지어 체육 대회도 일등을 하였다. 직업학교에서의 6년간은 참 행복한 시간이었다. 재직하면서 대학 일본어과에 진학하여 학위도 취득하였기 때문이다. 여기서 가장 큰 보람은 졸업한 학생들이 감사의 인사로 찾아오고 만나자고 할 때이다.

일본어 학위를 취득한 다음, 새로운 직장으로 이직하려 했는데, 그 일이 수포로 돌아가게 되었다. 왜냐하면 지방으로 발령이 났기 때문이다. 그래서 곧바로 사표를 제출하였다. 그간 내가 배운 일본어를 가르쳐 성공적인 생활을 시작하기 위함이었다. 새로 출발한 직장은 인천 유일의 남자 상고였다. 이 직장은 대학에서 추천을 받아 쉽게 근무할 수 있었다. 나는 직업학교에서 스파르타식으로 지도하여 성과를 거두었기에 이 학교에서도 나만의 비법으로 지도에 임하였다.

그 결과, 우리 학생들은 자신의 목표를 달성하였고 원하는 직장에 모두 취직할 수 있었다. 이때 사용한 나만의 비법을 공개하자면, 3월 학기 초에는 환경미화대회가 있다. 이 심사에서 1등을 하는 것이다. 이때 좋은 성과를 내면 학생들의 만족도도 높아지고 학습 및 다른 활동도 잘하게 되고 일 년이 행복할 수 있기 때문이다.

학습 지도는 맨투맨으로 학생 수준에 맞는 과제를 매일매일 부여하여 성과를 거둔 학생만 귀가하도록 하였다. 초창기는 학생들이 싫어하며 나에게 '가가멜'이란 별명을 붙여 주었다. 그런데 첫 번째 은행 시험에서 도전한 학생이 합격하자 모두가 순응하는 자세로 바뀌었다. 나는 3학년 담임을 2년간 하였다. 두 번 모두 응시자 전원이 합격하여 만족한 결과를 내었기에 지금까지도 전설적인 이야기로 회자된다.

우리 학교는 사립학교로, 전반적으로 열악한 편이라 많은 기자재와 실험 도구 등의 교체가 시급했었다. 그러기에 정부나 각 기업체에서 지원을 받았으면 좋겠다는 생각을 했다. 하지만 그렇게 되지 못했던 점이 못내 아쉬웠다. 교육을 제대로 하려면 투자를 많이 해야 성과를 거둘 수 있다는 점은 누구나 다 아는 바이다. 그래서 나는 돈을 벌어 교육에 크게 이바지한 사람을 찾아 그의 업적을 기리고 후세에도 이런 훌륭한 분들이 많이 나오기를 기대한다.

2. 돈을 벌어 교육 사업에 투자한 훌륭한 인물들

> "포스코의 역사 속에 조국의 근대화 역사 속에
> 우리의 피와 땀이 별처럼 반짝이고 있다는
> 사실을 우리 인생의 자부심과 긍지로 간직합시다."
>
> - 청암 박태준 -

한국의 철강왕 박태준, '미국의 석유왕 록펠러'와 '철강왕 카네기'가 학교를 설립하고 교육에 이바지한 바가 크기에 이들을 소개하고자 한다. 박태준 회장은 1927년에 출생하여 육군사관학교를 졸업하고, 1963년 육군소장으로 전역하였다. 군 복무 시절 그는 군용 모포 하나 갖고 있지 않았단다. 그가 유일하게 가져온 군수품은 반창고란다. 이유는 농사를 짓는 어머니가 혼잣말로 갈라진 자신의 손을 보고는 "군대에서 쓰는 반창고를 감으면 잘 낫는다던데…."라고 하자 다음 날 가져다 감아 드렸다 한다.

한번은 전세 들어 살던 집주인이 그의 아내에게 "군 장교가 왜 이렇게 초라하게 사는가? 저 아래 다른 집은 없는 것이 없다던데 청렴결백해 봐야 헛일이니 새댁이 남편 설득 좀 하시오."라고 조언할 정도로 청백리였던 것으로 보인다. 이런 그가 박정희 대통령의 지시에 빈손으로 포항제철을 만들고 철강 수입 국가에서 수출 국가로 만들었다. 그가 제철소를 만들 때 주말도 반납하고 항상 상주하면서 직원들과 건설에 참여했다니 정말 대단하지 않은가? 그래서 이분이야 말로 오늘날 대한민국 교육을 세운 큰 인물이라고 말하고 싶다. 그래서 그를 존경하고 그의 업적을 말하고 있는 것이다.

포항제철이 궤도에 오르자 지속적인 국제 경쟁력을 유지하고 경영 다각화에 대비하기 위해서 연구 개발과 인재를 양성하여 협력해 나갈 국제적 수준의 대학이 필요함에 따라 핵심 고급 인력 소수 정예 교육을 지향하여 대학원 중심 대학을 세웠다. 건학 이념으로 "우수한 교육을 통한 미래의 글로벌 리더 양성, 과학 기술 분야에서 선도적인 연구 수행 및 응용, 교육 연구 산학 협동을 통해 국가와 인류에 봉사한다."를 내세웠다. 그는 어록으로는 "짧은 인생을 영원히 조국에" "사심 없이 헌신하라. 무한 경쟁 시대일수록 필요하다." "자원은 유한하지만, 창의는 무한하다." "신뢰를 얻으면 무엇이든지 얻을 수 있다." "항상 애국심을 갖고 일해 달라." 등이 있다.

박태준 회장이 포항공과대학교와 포항제철 중고등학교를 설립한 것은 한국 교육 및 산업 발전에 큰 기여를 한 사례이다. 박태준 회장과 박정희 대통령은 대한민국 산업 발전에 큰 역할을 한 인물이다. 두 사람은 육군사관학교 시절부터 긴밀한 인연을 가졌다. 박 대통령은 박태준 회장을 대한민국 산업 발전의 중요 인물로 인식하고, 박태준 회장은 박 대통령의 경제 발전 정책에 큰 역할을 제공하였다.

박 대통령은 1960년대 후반부터 1970년대 초반까지 산업화를 주도하였다. 박태준 회장을 비롯한 산업인들과 긴밀한 관계를 맺고 협력하였다. 이러한 관계는 대한민국 산업 발전에 큰 역할을 하였고, 박 대통령은 박태준 회장의 산업 발전에 대한 열정과 아이디어를 인정하였다. 박태준 회장은 박 대통령의 경제 발전 정책에 대한 지원을 제공하였다. 이렇듯 두 사람은 서로 도움을 주고받았다. 이러한 관계는 대한민국의 산업 발전과 경제 성장에 큰 영향을 미쳤다.

*"기회가 찾아오지 않음을 원망하는 사람은
자신의 무능력함을 인정하는 것과 같다.
행운이란 진실로 그것을 원하는 사람에게 온다."*

- 존 데이비슨 록펠러 -

두 번째로 소개하는 사람은 '미국의 석유왕 록펠러'이다. 1839년 태어난 록펠러는 어릴 때부터 부지런했다. 캔디를 팔고 이웃들을 위한 소일거리를 대신해 주면서 돈을 벌었다. 1859년 록펠러가 20세가 된 그 해, 펜실베이니아에서 석유가 발견되어 석유 산업이 성장하기 시작했다. 1863년 그의 나이 25세에 록펠러는 여러 파트너들과 석유 정제 산업에 뛰어들었고, 1870년에 스탠더드 오일이라는 회사를 세워 미국에서 생산되는 석유의 95%를 담당하며 일명 '석유왕'이 되었다. 33세에 백만장자가 된 것이다. 43세에는 미국 최대 부자가 되었고, 53세에는 세계 최대 부자라는 타이틀을 거머쥐었다. 한때 세계 부호 1위인 빌 게이츠 재산의 3배에 달하는 재산, 지금으로 따지면 1,900억 달러 정도의 재산을 소유하고 있었다니, 석유로 얼마나 성공했는지 감이 잡힐 것이다.

한때는 악독하였고 돈만 알았던 록펠러가 변화하게 된 것은 그의 나이 55세 때 얻게 된 병과 그의 신앙 때문이었다. 각종 스트레스 때문에 우울 증상을 보이고 건강이 나빠진 그에게 병원은 1년이라는 시한부 선고를 내렸다. 삶에 대해 돌아보는 시간을 갖게 된 록펠러는 이후 자신이 모은 재산을 의미 있는 곳에 쓰고 삶을 마무리하자는 생각을 하게 되었다. 그는 나누는 삶을 생각하고 세계 최대의 재단인 록펠러 재단(The Rockefeller Foundation)을 세웠다. 그 외에도 록펠러 의학연구소, 록펠러 대학(현재의 시카고 대학), 록펠러 센터 등을 설립했다.

이 재단에서는 예술, 의학, 교육 등 많은 분야를 후원하고 있다. 그에 관한 경영 서적도 많이 발간되고 있다. 현재도 『록펠러의 부자가 되는 지혜』, 『세계 최고의 부자 록펠러』, 『록펠러, 나눔을 실천한 최고의 부자』 등 다양한 이름으로 그의 생애가 다루어지고 있다. 록펠러가 악덕 재벌이 아닌 나눔이란 이름으로 기억되는 까닭은 과거의 잘못을 뉘우치고 노력한 덕분이라 생각한다.

55세에 시한부 선고를 받았지만, 97세까지 장수할 수 있었던 이유도 노년에 타인을 위한 삶을 살았기 때문인지도 모르겠다. 심술궂은 석유 재벌에서 나눔과 선행의 아이콘이 된 록펠러, 그의 삶은 아직도 많은 사람들에게 귀감이 되고 있다.

> "성공의 비밀은 스스로 일하는 데 있지 않고
> 누가 최고로 잘할지 알고 맡기는 데 있다."
> - 앤드류 카네기 -

세 번째로 소개하고자 하는 사람은 '미국의 철강왕 카네기'이다. 철강왕 앤드루 카네기(Andrew Carnegie)는 1835년 스코틀랜드 던펌린에서 귀족 가문의 후예로 태어났다. 어머니가 구멍가게를 운영하였지만 좀처럼 가난에서 벗어나지 못하였다. 그러자 카네기 집안은 1848년 미국 펜실베이니아주 피츠버그로 이주한다. 어려서부터 얼레잡이, 방적 공장 노동자, 기관 조수, 전보 배달원, 전신 기사 등 여러 직업을 전전하였다.

그러다 1853년, 펜실베이니아 철도 회사에 취직하게 된다. 남북 전쟁에도 종군하면서 1865년까지 이곳에서 근무하는 동안, 장거리 여행자를 위한 침대차와 유정 사업 등에 투자하면서 큰돈을 벌었다. 1892년에는 카네기 철강 회사를 설립하였다. 철강왕으로 불리는 카네기는 자신의 인생을 두 시기로 나누어 전반부는 부를 획득하는 시기, 후반부는 부를 나누는 시기라고 했다. 그만큼 사회 환원은 부자들의 신성한 의무라고 강조했다.

카네기는 기부에 자신만의 확고한 철학이 있었다. 특히 맹목적이고 광범위하게 베풀어지는 단순한 자선에 반대했다. 그 이유는 단순한 자선은 어떠한 효과도 가지지 못한다는 사실이었다. 이러한 철학이 있기 때문에 자긍심이 강한 미국인들도 카네기를 철강왕으로 부르기를 주저하지 않는다.

1902년 1월 29일 당시로서는 천문학적 액수인 2천5백만 달러를 기부하였다. 그 돈으로 공공 도서관 건립을 지원하는 워싱턴 카네기협회를 설립했다. 협회는 미국 전역에 2,500개의 도서관을 지었다. 카네기는 그 밖에도 카네기회관, 카네기공과대학, 카네기교육진흥재단 등 교육·문화 분야에 3억 달러 이상을 기증했다. 현재 국제사법재판소의 건물인 평화궁을 지었으며 카네기 멜런 대학교를 설립했다.

　사업 일선에서 은퇴한 카네기는 1919년 8월 11일 세상을 떠나기까지 18년간 자선 사업에 몰두했다. 뉴욕에 900만 달러를 기부해 공공 도서관을 세운 것을 시작으로 전 세계에 2,509개의 도서관을 지었다. 미국의 과학 발전을 위해 카네기 멜런 대학의 전신인 카네기 과학연구원과 기술원을 설립했다. 12개 종합 대학과 12개 단과 대학을 지어 사회에 기증했으며 각종 문화 예술 분야에 거액을 쾌척했다. 자신이 평생 모은 재산 90% 가량에 이르는 3억 5,000만 달러를 사회에 환원하였다. 그는 "많은 유산은 의타심과 나약함을 유발하고, 비창조적인 삶을 살게 한다."라는 이유에서 부의 대물림을 혐오했다.

　나는 위 세 사람이 사업을 통하여 벌어들인 돈을 교육 사업에 투자하여 성공한 사례에 대하여 큰 박수를 보낸다. 이 글을 읽는 독자들에게도 크게 귀감이 될 것으로 생각한다. 앞으로도 이런 훌륭한 사람들이 많이 나타나 교육 투자에 앞장서 살기 좋은 세상을 만들기 바라고, 학교에서 배우는 학생들은 더욱 열심히 공부하여 이 사회의 횃불이 되어 주길 바란다.

3. 상품과 서비스를 교환하는 수단으로서의 돈

*"행복은 단순히 돈을 소유하는 데 있는 것이 아니라
성취의 기쁨과 창의적인 노력의 스릴에 있습니다."*

- 프랭클린 루스벨트 -

돈은 사람들에게 다양한 의미와 가치를 지닌다고 볼 수 있다. 여러 사람들이 돈에 대해 생각하는 방식은 다를 수 있지만, 일반적으로 돈은 다음과 같은 의미와 가치를 가지고 있다.

먼저 교환 수단으로써 돈은 상품과 서비스를 교환하는 수단으로 사용된다. 사람들은 돈을 통해 필요한 물건이나 서비스를 구매하고 다른 사람들과 거래할 수 있다.

둘째로 가치 저장으로써 돈은 가치를 저장하는 수단으로 사용된다. 사람들은 돈을 저축하거나 투자하여 미래에 사용하거나 가치를 늘릴 수 있다.

셋째로 돈은 안정과 보안을 제공할 수 있다. 충분한 돈을 가지고 있다면 생활의 안정성이 확보되고 불가항력적인 상황에 대비할 수 있다.

넷째로 자유와 선택권으로써 돈을 가지고 있다면 자유롭고 다양한 선택권을 가질 수 있다. 돈이 있는 사람들은 자신의 목표와 가치에 따라 원하는 것을 선택하고 추구할 수 있다.

다섯째로 사회적 지위와 영향력으로써 돈은 사회적 지위와 영향력을 표현하는 요소로 작용할 수 있다. 돈을 많이 가진 사람들은 종종 사회적으로 인정받고 영향력을 행사할 수 있는 기회를 얻을 수 있다.

이러한 이유로 돈은 사람들에게 다양한 의미와 가치를 가지고 있지만, 돈 자체만으로는 진정한 행복이나 만족감을 제공한다고는 볼 수 없다. 돈은 중요하지만, 그 외에도 가족, 사랑, 건강, 성취 등과 같은 다른 가치들과의 균형을 유지하는 것이 중요하다.

4. 행복과 불행의 양면성을 가지고 있는 돈

"행복은 쫓아가 구할 물건이 아니다.
다만 즐거운 표정과 웃음을 늘 띠고 있음으로써
복이 들어오는 근본으로 삼아야 한다.

불행은 언제 어디서 닥쳐올지 모르는 것이다.
또한 불행을 막을 길도 없다.
다만 평소에 남을 해치고자 하는 감정을 없애고
마음을 평온하게 갖는 것으로써
불행을 막는 근본으로 삼아야 한다."

- 채근담 -

돈이 행복을 가져다주는 것은 일반적으로 사실이다. 그러나 돈만큼이나 돈으로 인한 불행도 많다. 다음은 돈으로 인한 행복과 불행에 대한 일부 일화이다

빌 게이츠와 워런 버핏과 같은 부자들은 많은 돈을 가지고 있다. 하지만 그들은 자신의 부의 대부분을 사회에 환원하고 가난한 사람들에게 기부를 하고 있다. 그들은 자신의 돈으로 사회에 기여하고, 다른 사람들의 삶을 개선할 수 있는 능력을 가지고 있다. 또한 인도의 "돈 없는 은신처"라고 불리는 아미트 라우(Amit Lohia)는 대학 졸업 후 20달러로 비즈니스를 시작했다.

그는 자신의 회사를 성공시키고 현재는 억만장자이다. 하지만 그는 자신의 돈을 가난한 사람들과 나누고, 나무를 심어 환경을 보호하는 등 사회 공헌 활동에도 매진하고 있다.

한편 불행한 사람으로는 미국의 로터리 복권 우승자인 William Bud Post를 꼽을 수 있는데, 그는 복권 당첨 금액으로 1,600만 달러를 받았다. 하지만 그의 삶은 이후, 파멸적인 길로 빠졌다. 그는 이혼, 법원 소송, 폭력, 감옥 생활, 그리고 돈으로 인한 가족 간의 갈등 등으로 인해 삶이 망가졌다. 또한 2002년 미국의 엔론(Enron)이라는 에너지 회사가 110억 달러의 채무를 지고 파산하였다. 이 회사의 수장들은 거액의 보상을 받으며, 회사의 재무 상태를 위조하여 수억의 돈을 횡령하였다.

이러한 일화를 통해 돈이 어떻게 행복과 불행을 가져오는지를 알 수 있다. 돈이 행복을 가져다줄 수 있지만, 그것이 단순히 많은 돈을 가지는 것만이 아니다. 돈을 올바르게 사용하여 다른 사람들과 나누고, 사회에 기여하는 것이 중요하다는 것을 알 수 있다.

5. 인생의 다양한 영향과 사회적 영향력을 가진 돈

*"미래는 지속 가능한 에너지에 속하며
테슬라는 지속 가능한 에너지의 미래입니다."*

- 일론 머스크 -

돈은 인생에 다양한 영향을 미치는 중요한 요소이다. 돈은 또한 개인적, 가정적, 사회적, 국가적으로 어떤 의미를 가질 수 있는지 알려 준다. 먼저 개인적 영향으로 돈은 개인의 삶에 직접적인 영향을 미친다. 충분한 돈을 가지고 있다면 필요한 물건을 구매하고 원하는 경험을 즐길 수 있다. 또한 돈은 개인의 안정과 보안을 제공하고 자유로운 선택권을 가질 수 있도록 도와준다.

다음 가정적 영향으로는 돈은 가정의 안정과 풍요로움을 가져다줄 수 있다. 충분한 재정적 자원이 있다면 가족들을 지원하고, 교육과 의료 서비스를 제공할 수 있다. 또한 돈은 가정 내에서의 삶의 질을 향상시키고, 가족 구성원들의 행복과 만족감을 증진시킬 수 있다.

사회적 영향으로는 돈은 사회적 지위와 영향력을 표현하는 요소로 작용할 수 있다. 돈을 많이 가진 사람들은 종종 사회적으로 인정받고, 자신의 의견이나 가치를 전파할 수 있는 기회를 얻을 수 있다. 또한 돈은 사회에 기여하는 수단으로 사용될 수 있으며, 사회적 문제에 대한 해결과 사회적 변화를 이끌 수 있다.

국가적 영향으로는 돈은 국가의 경제 발전과 번영에 중요한 역할을 한다. 충분한 경제 자원과 재정적 안정은 국가의 발전과 사회의 번영을 이룰 수 있는 기반이 된다. 또한 정부와 사회는 재정 분배를 통해 돈을 균형적으로 사용하여 사회적 평등과 경제적 발전을 도모해야 한다.

이러한 방식으로 돈은 개인적, 가정적, 사회적, 그리고 국가적으로 다양한 의미와 영향을 가질 수 있다. 그러나 돈 자체만으로는 진정한 행복이나 만족감을 제공하지는 않으며, 돈을 올바르게 사용하고, 다른 가치와 균형을 유지하는 것이 중요하다.

6. 돈이 관계 형성과 사회적 지위에 미치는 영향

"기술은 하나의 도구에 불과하다.
어린아이들의 협동심을 고취하고
의욕을 불어넣는 데는 교사가 가장 중요하다."
- 빌 게이츠 -

    돈은 관계 형성과 사회적 지위에 영향을 미칠 수 있다. 또한 돈은 관계 형성에 영향을 미칠 수 있다. 돈을 많이 가진 사람들은 종종 다른 사람들과의 관계에서 이점을 얻을 수 있다. 예를 들어, 돈을 가진 사람들은 고급 레스토랑에서 식사를 하거나, 고급 호텔에서 숙박을 할 수 있으며, 이는 다른 사람들과의 관계 형성에 도움이 될 수 있다. 그러나 돈을 중심으로 한 관계 형성은 종종 가치가 떨어지는 경우가 있으며, 진정한 관계를 형성하기 어려워질 수 있다.

    돈은 사회적 지위에 영향을 미칠 수 있다. 돈을 많이 가진 사람들은 종종 사회적으로 인정받고, 영향력을 행사할 수 있는 기회를 얻을 수 있다. 또한, 돈을 가지고 있는 사람들은 종종 사회적 지위를 표현하는 데 사용한다. 그러나 돈만으로 사회적 지위를 유지하는 것은 어렵다. 사회적 지위는 다양한 요소들이 결합하여 형성되며, 돈만으로는 유지되기 어려운 경우도 많다. 이러한 방식으로 돈은 관계 형성과 사회적 지위에 영향을 미칠 수 있다.

중요한 점은 돈이 관계나 사회적 지위를 결정하는 유일한 요소는 아니며, 다른 요소들도 함께 고려해야 한다는 것이다. 돈이 중요한 역할을 하지만, 진정한 관계와 사회적 지위는 다양한 가치와 요소들이 결합하여 형성되는 것이다.

참고문헌
박태준 저, 『포항공과대학교 20년사』, 편찬위원회.
임광용 저, 『록펠러, 나눔을 실천한 최고의 부자』, 스코프, 2013.
앤드루 카네기 저, 『성공한 CEO에서 위대한 인간으로』, 21세기북스, 2017.

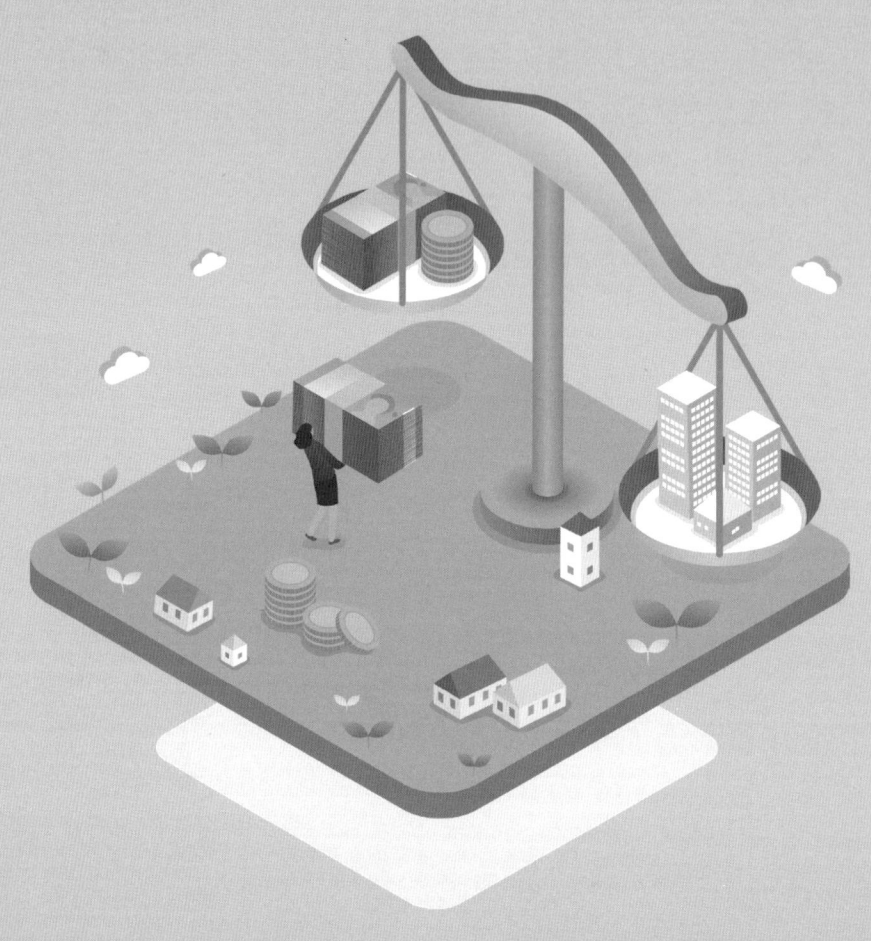

묻지 마 폭행 이어지는 위험 사회,
누가 돈의 주인인가?

- 정창교

정창교

경력
- 순복음평강교회 담임목사(2008년~현재 장애인선교)
- 국민일보 전 사건기자(31년 2개월) 올 1월 정년 퇴임

활동
- 영종도서관 운영위원(2022~2023년)
- 인천시설공단 영종공원사업단 시민참여단위원(2021~2023년)
- 인천 중구 여성친화도시 구민참여단 위원(2023년)

당신을 위한 프롤로그

삶의 전반을 지배하는 돈에 대해 공부를 할 기회가 없었다. IMF 세대들은 개인 회생과 파산, 구조 조정 등의 위기를 건너왔다. 그 경제 불황의 상황 속에서도 평생직장에서 해고되지 않고 제 발로 걸어 나왔지만 수중에 가진 것은 없다. 장애를 가진 아이가 태어나면서 집 한 채 값을 날렸다. 조기 발견을 강조하는 의료계의 조언은 의미가 있었다.

하지만 장애인 가정의 문제를 해결해 주는 척하면서 사욕을 채우는 자들도 적지 않았다. 2011년, 아들의 고등학교 졸업을 앞두고 장애 자녀를 둔 부모들의 요청을 받아들여 장애인예술단을 설립해 초대 법인 이사장을 맡았다.

대한민국 장애계를 대표해 2014년 인천장애인아시아경기대회 당시 한·중·일·호주 등의 장애인 문화 예술 전문가들을 인천에 초청한 국제 대회를 성공적으로 이끈 뒤 2015년 전문예술법인을 만들어 장애인예술단의 품격을 한 차원 끌어올렸다.

10여 년 동안 사업 계획서를 쓰고, 진행하고, 정산하는 일을 급여를 받지 않고 혼자서 감당했기에 재산을 축적할 기회는 없었다. 오히려 개인의 자산을 법인 지속을 위해 사용해야 하는 상황이 적지 않았다. 공간을 유지하고 프로그램을 진행하는 것조차 많은 시간을 투자해야 했다.

경제적 상황이 최악으로 무너진 2015년부터는 2020년까지 허허벌판에 있는 창고 같은 건물에서 온몸으로 상황을 견뎌야 할 때도 있었다. 신문사 야근을 할 때는 택시를 잡을 수가 없어 지하철 첫차를 타기 위해 아침까지 편집국 숙직실에서 신세를 져야 하는 날도 많았다.

이 책을 쓰는 이유는 비영리민간단체 모금가 입장에서 발달 장애인 예술가들을 양성하고, 이들에게 발표 기회를 제공하는 일이 중요하기 때문이다. 공동체가 연약한 이웃을 돌보는 일은 65세 이전 심장 마비로 죽는 사람을 없애는 명약이라는 말에 공감한다.

1. 돈은 신기루가 아닐까

 중앙지 일간지 기자로 31년 2개월을 근무하고도 집 하나 없는 나는 신기한 존재였다. 연말 정산을 하는데, 재무팀에서 실제로 민간 임대 아파트에 살고 있으면 계약서로 증빙하면 된다며 고개를 갸웃거렸다. 연말 정산 시 세금 혜택을 받는 나는 웃어야 할지 울어야 할지 묘한 감정이 되었다.

 한때 인천국제공항 인근 영종국제도시의 아파트 동대표 회장을 하면서 지역 사회의 크고 작은 일에 참여했으나 2011년 발달장애인 문화예술을 지원하는 사단법인 '꿈꾸는마을'을 설립하면서 자산을 축적할 기회가 없었다. 대신 빚이 늘어 갔다. 이 과정에서 신용 불량의 위기도 겪었다. 언제부터인가 체크 카드만 쓰는 방식으로 삶이 바뀌었다.

 정년 퇴임 이후 인천시사회복지사협회가 개최한 북 콘서트에 갔다. 이때 돈에 대한 개념을 재정의할 수 있었다. 사회복지사들도 처우 개선을 통한 급여 상승도 중요하지만 인문학적 소양을 갖추는 것이 더 중요하다는 깨달음을 얻는 기회였다.

 정재승 카이스트 교수는 북 콘서트에서 매년 10월 마지막 토요일에, 300명의 강사들이 자신이 태어난 도시의 아이들과 도서관에서 만나 삶의 이야기를 전하는 '10월의 하늘' 프로젝트가 14년째 이어 오고 있는 사실을 소개하였다. 이 일을 하면서 관계 지향성 인간들이 많다는 점과 누군가의 인정을 받는 것이 중요한 사람들이 적지 않다는 사실을 알게 됐다고 한다.

뇌과학자인 정 교수는 남을 도울 때 도파민이 분비되는데 남을 가르치는 과정에 참여한 이들이 자연스럽게 기부 행위에 동참하는 모습을 보게 됐다고 설명하였다. 사회복지사들도 현장에서 견디며 일을 하는 것도 뇌의 도파민이 분비되는 과정과 유사하다는 의견이었다.

정 교수는 "(돈을 버는 것이 중요한 사람들에게) 기부를 통해 만족감과 행복감을 느끼게 하려면 남을 돕는 때에도 창의성이 필요하다."라면서 "책 하나에는 누군가의 삶이 온전히 들어 있는 만큼 독서를 하고, 토론하는 것은 인생을 풍요롭게 한다."라고 강조하였다.

2003년 『지선아 사랑해』 출판 이후 20년 만에 베스트셀러 『꽤 괜찮은 해피엔딩』을 쓴 이지선 작가(이화여대 사회복지학과 교수)는 중증 화상 환자들이 외상 후 성장하는 사례가 적지 않다고 거론하였다. 그는 "너무 절망적일 때 나와 친하지도 않은 친구가 대중교통을 몇 번 갈아타야 하는 먼 길을 달려와 말없이 눈만 끔벅거리던 친구가 '네가 살았으면 좋겠어'라고 눈빛으로 말하던 그때를 기억한다."라며 "도움은 그 순간에 빛을 발한다."라고 말했다. 이어 "(문제를) 직면해야 헤어질 수 있는 기회를 만들 수 있다."라며 "(사고를) 당한 것이 아니라 '만났다'고 다시 개념 정리를 한 뒤 사고와 잘 헤어질 수 있었다."라고 언급하였다.

㈜책글사랑 대표 전안나 작가는 5세 때 입양 후 학대를 경험한 아픈 상처를 담은 『태어나서 죄송합니다』라는 책을 2022년 3월에 썼다. 그는 이 책을 통해 자신을 짓눌러 온 트라우마를 치료했다.

지금은 프리랜서 사회복지사 1년 차다. 경제적으로도 자유를 누리고 있다. 그는 숨기고 싶었던 자신의 과거를 책으로 쓰고 양부모와 소송을 벌였으며, 그제야 자유로워졌다고 고백한다. 요즘은 장애 자녀를 둔 부모들과 한 부모 가정 등에 글쓰기 지도를 하면서 작가 사회복지사의 역할을 수행하고 있다.

세 사람의 저자와 만남에서 가난한 비영리민간단체의 운영의 어려움을 해결할 수 있는 다양한 단서를 제공받았다. 사고로 사랑하는 가족을 잃고 받은 보험금을 끔찍한 사고의 후유증에서 벗어나기 위해 좋은 일에 사용하겠다며 비영리민간단체에 기부한 사례는 시사하는 바가 크다.

정재승 작가는 최근 8년간 스스로 목숨을 끊은 사람이 10만 명에 달하고, 이 중 3만 5,000명이 유서를 쓰고 죽은 사실을 주목하고 있다. 죽은 이들이 세상에 마지막 남긴 말은 돈과 관련된 것일 수도 있다. 스스로 목숨을 끊지 않고 자연사가 하는 노인들도 죽음의 순간에 왜 내가 돈을 버는 일에만 매달려 누군가를 행복하게 해 주는 일을 하지 못했을까, 하는 한탄을 한다는 이야기는 너무도 많다.

이지선 작가는 미국 유학이 쉽지 않았다며 다른 사람들의 눈이 자리를 지탱했다고 고백한다. 그는 "죽을 고생해서 살아남아 가지고 왜 고생을 하고 있는가하고 되뇔 때가 있었지만 너무 많이 소문을 낸 것이 버티게 하는 힘이 되었다."라면서 "포기하고 싶을 때 '쪽팔린다'는 생각과 왜 시작했는지를 생각하며 의미를 새기는 일은 중요하다."라고 조언하였다.

전안나 작가는 "800권 책 읽기를 할 때쯤 전문가는 소진이 오지 않는다는 말을 책 속에서 발견하고, 이 글이 가슴에 와닿았다."라며 "강의를 할 정도의 지식이 쌓기 위해 2016년 강사양성과정도 듣고, 책 쓰기 수업도 들으면서 2017년 1천 권 독서법을 발간해 작가의 길로 확실하게 들어섰다."라고 회고했다.

어린 시절 소년 가장으로 자란 경험이 있는 나는 돈이 늘 부족하였다. 그런 어느 날 할머니가 똥지게를 지고 화장실에 가득 찬 분뇨를 장마철을 앞두고 마당 건너 작은 밭에 뿌렸을 때 그 냄새가 온 동네를 뒤덮었을 때는 어디론가 도망가고 싶은 충동이 일었다.

비가 오고 며칠이 지나지 않아 인분을 머금은 아욱이 크게 자라 된장국으로 올라왔을 때 그 풍성한 맛을 잊을 수가 없다. 먹을 것이 없어 동네 슈퍼 앞을 몇 바퀴 돌았던 어린 시절의 나를 만나 이야기를 나누고 싶어진다. 할머니는 그렇게 만든 아욱을 팔아 나에게 3,000원을 손에 쥐어 줬다.

그 돈을 얼마나 만지작거렸는지 모른다. 나는 이 일을 계기로 고등학교 때부터는 신문을 돌려 돈을 벌고, 대학생이 되고 난 뒤에는 학과 근로 장학생을 하면서 돈을 벌었다.

2. 내 몸의 찌꺼기 청소, 자연사의 희망을 키운다

뚱뚱한 체형을 가진 사람들은 늘 다이어트에 매달린다. 다이어트는 살집이 없는 사람들도 일상적으로 하는 일이 되고 있다. 집집마다 가장 많은 돈을 건강을 지키기 위해 쓴다. 아파 본 사람들은 아프지 않기 위해 과일 야채 식이 요법에 도전하면서 더욱 체중을 줄이는 데 혈안이 되어 있다.

현역 최고령 오픈방 대표를 만난 건 행운이었다. 뚝섬역 근처 젊은이들이 노트북을 켜 놓고 미래를 꿈꾸는 공유 공간에서 만난 그녀는 73세였다.

그녀를 만나 내 몸 상태를 체크해 보니 신장 기능이 제대로 작동되지 않아 물만 먹어도 살이 찌는 체질로 분류되었다. 1만 보 걷기 56일째를 맞아 효소를 제대로 먹어 보기로 했다. 아침과 저녁에 2봉씩 매일 만나를 먹는 것으로 새로운 생활이 시작되었다.

나의 가장 취약점인 잘 씹지 않고 넘기는 문제가 어느 정도 해결되는 느낌이다. 꼭꼭 씹지 않으면 위에도 부담을 주고, 방귀에서도 나쁜 냄새가 나고, 다른 사람과 이야기를 할 때도 간이 좋지 않아 나오는 썩는 냄새로 대화를 하는 상대방이 코를 쥐를 쥐어야 하는 상황이 된다. 아침과 저녁에 내 몸의 쓰레기를 청소하는 느낌이 즐겁다. 너저분한 책상이 가지런히 정돈된 느낌이랄까.

나는 한때 개인 회생의 위기를 겪으면서 5년간 신용 카드를 사용하지 못했다. 정년 퇴임 후 대출 연장을 하러 갔더니 하나은행 직원이 신용 카드를 권해 뒤늦게 신용 카드를 사용할 수 있게 되었다. 한도를 500만 원으로 정했다. 오픈방 대표에게 이 카드를 사용해 내 몸을 성형하기로 하였다. 오픈방 대표를 나에게 추천한 정창교 전자책 쓰기 멤버는 모두 나처럼 뚱뚱한 사람이었다. 체중 증가로 고통을 겪는 사람들에게 다이어트가 아니라 몸속의 찌꺼기를 내보내 혈액이 정상적으로 말초 신경까지 다다르도록 하는 이 효소 식이 요법은 탄수화물 중독으로 고생하는 한국인들에게 알맞은 방법으로 평가된다.

나는 한때 114kg까지 체중이 불어나 스스로도 고통스러워 한방 병원의 제안을 받아들여 수개월 동안 다이어트에 매달렸다. 앞서 한의원에서 배에 침을 꽂아 전기 자극을 주는 방법으로 고통스러운 다이어트를 하다 피 검사 결과를 본 대학 병원 의사로부터 당장 중단하지 않으면 죽을 수도 있다는 소견을 받고 멈춘 적도 있다. 심각한 영양실조 상태라는 판정을 받았다.

건강 공부를 하면서 아침 식사에서 탄수화물을 제거하는 식이 요법을 8주 동안 진행한 결과 몸이 몰라보게 달라졌지만 뱃살은 좀처럼 빠지지 않았다. 이 뱃살을 제거할 수 있는 방법을 임어금 대표로부터 제안받고 흔쾌히 매일 만나 효소식을 먹는 것으로 챌린지에 참여하게 되었다.

유산균을 배양한 뒤 건조한 이 효소를 먹으면서 나를 괴롭혀온 똥배의 원인을 제거할 수 있다는 확신을 갖게 되었다. 정부 출연 기관의 기술 이전 균주가 장점인 ㈜지에스엘에서 생산한 효소만으로도 식사를 하지 않아도 되는 상황이 되기 때문이다.

나에게 오픈방 대표를 알려 준 정창교 책쓰기 교실 멤버도 올해 70세다. 10년 선배들과 호흡이 척척 맞는다. 그는 전자책 쓰기 과정의 학습자로 강의에 참여하면서 상당 기간 공부를 같이했기 때문에 체중 20kg이 줄어들기 전의 모습을 볼 수 있었다. 오픈방 무료 강의가 있는 날, 100여 명의 학습자들이 얼굴을 공개하지 않고 강의를 듣는 상황에서 유일하게 처음부터 끝까지 얼굴을 드러낸 사람이 그녀였다. 그는 은행원 출신으로 정년 퇴임 후 댄스를 하면서 제2의 인생 전성기를 보내기도 했다.

하지만 발목과 허리 부위가 고장 나 암울한 노년기를 보내야 하는 상황에서 자신의 멘토인 교수 출신 오픈방 대표로부터 건강 경영 브랜드를 가진 오픈방 대표를 만나 보라는 이야기를 듣고 그대로 따라 했다가 몸속 성형에 성공해 70대 미인으로 자신의 삶을 다시 살게 되었다.

그는 독서 토론 과정에서 암 치료를 받은 지인이 코 주변이 시커멓게 변해 주검이 된 모습을 직접 본 이야기를 해 학습자들로부터 공감을 불러일으켰다. 반면 암을 갖고 있었지만 병원에 의지 않고 살다간 지인은 얼굴이 평온하고 깨끗한 상태로 죽음을 맞이하였다고 증언하였다.

오픈방 대표는 자신의 저서 『비움으로 건강을 경영하라』(델피노) 43쪽에서 "정신병은 귀신 붙은 병이 아니라 식사를 난잡하게 해서 생긴다."라고 강조하였다. 왜 이 글을 썼느냐고 했더니 "스트레스를 받았다고 폭식하지 말아야 한다."라며 "20kg을 뺀 참여자도 자신을 만나기 전에는 밀가루로 만든 빵을 허겁지겁 먹는 평범한 아줌마였는데, 5개월 동안 탄수화물을 먹지 않고 효소식만 하면서 체질이 완전히 바뀐 것"이라고 말했다.

그를 만나면서 건강 독서 모임에서 4개월 동안 매주 2회씩 아침마다 토론한 결과를 확인하는 계기가 마련되었다. 약이나 의사에 의지하지 말고 내 몸속에 있는 100명의 명의에게 일할 기회를 주어야 한다는 것이 건강 독서의 핵심으로 파악되었다. 그의 책을 펼치자마자 이런 글이 확인되었다.

외국 서적이 아니라 한국인이 쓴 저서에서 약이나 병원에 의지하지 말고 내 몸의 명의가 일할 수 있도록 자신의 몸을 믿어야 한다는 이야기를 확인하게 돼 기뻤다. 그의 멤버십이 되었다. 인생 말년에 아파서 누군가에게 신세지는 것이 싫고, 내 몸 경영에서 승리하고 싶어서였다.

나의 유튜브 '시니어 정보, 정창교TV'에서 『비움으로 건강을 경영하라』를 낭독하게 되었다. 베이비 부머들이 평생직장에서 쏟아져 나왔지만 앞으로 살아야 할 30년에 대한 설계가 되어 있지 않아 100세까지 일할 수 없는 사람은 지옥을 경험하게 될 것이라는 예측이 나오고 있다.

신중년들이 잘못 쓴 약의 부작용으로 망가진 신장 문제를 해결하지 않고, 배변 활동을 제대로 하지 못해 독가스를 몸에 품고 살면서 변비 문제를 해결하지 못하면 십중팔구 병원에서 모든 재산 다 쓰고 죽게 된다.

지금이라도 약과 의사로부터 자유로워지는 삶을 선택해야 한다. 약보다 보험보다 의사보다 중요한 것이 연약함을 품어 줄 수 있는 공동체를 만드는 일이다. 스트레스가 만연한 한국 사회에서 연약한 자들이 자신의 이야기를 누군가에게 말하고 위로를 받는 그런 일을 하는 사람들이 많아져야 사회가 변한다. 그 일을 시니어들이 해야 한다.

3. 돈에 대한 감정과 행동 이해하기

　직장 생활을 하면서 개인 파산을 경험하는 사람들도 많다. 나 역시 그 중의 하나였다. 1997년 IMF 금융 위기를 거치면서 직장인 상당수는 파산하였다. 면책 결정이란 개인 파산이나 개인 회생 절차에서 채무자가 일정한 조건을 충족하면 법원이 채무자의 채무에 대한 책임을 면제해 주는 결정이다. 면책 결정은 항고 기간 2주가 지나면 확정되고, 면책 결정이 확정되면 개인 회생 절차는 종료된다.

　IMF를 겪은 직장인들은 노후 자금으로 축적해야 할 퇴직 연금도 매년 정산받아 생활해야 할 정도로 심각한 경제적인 타격을 입었다.

　5년간 개인 파산이 진행되는 과정에서도 경제 활동을 할 수 있다는 것이 그나마 다행이었다. 회사마다 좌천성 인사가 횡행하였다. 서울에 있는 직장인은 지방으로 발령나고, 지방에 있던 직장인은 서울로 발령을 하는 등 직장인 흔들기가 대유행하였다. 그에 굴하지 않고 살아남은 직장인들은 정년 퇴임 때까지 해고를 당하거나 좌천당하지 않기 위해 안간힘을 썼다.

　돈과 행복은 어떤 관계일까. 돈과 행복 사이의 관계는 복잡하다. 일정 수준의 경제적 안정은 삶의 질을 향상시키는 데 도움이 될 수 있지만,

돈만으로는 진정한 행복을 보장할 수 없다. 사람들은 사회적 관계, 개인적 만족감, 건강 등 다른 요인들이 행복에 미치는 영향도 고려해야 한다.

소비와 행복에 대한 연구에 따르면, 소비에 따른 즉각적인 쾌감은 일시적이고, 지속적인 행복에 영향을 미치지 않을 수 있다. 소비자들은 소비 패턴을 평가하고, 삶의 목표와 일치하는지 고려하여 지속적인 행복을 찾아야 한다. 여기에 자원봉사가 대안이 될 수 있다. 국가 예산을 쓰지 않고도 돌봄 서비스가 가능한 분야가 바로 자원봉사다. 우리나라도 아일랜드처럼 모든 국민이 한 가지 이상 자원봉사를 의무적으로 실시하여야 한다. 지금처럼 양극단의 주장만 난무하는 피로한 사회에서는 공동체가 숨을 쉴 수가 없다. 묻지 마 살인과 이유 없는 무차별 흉기 사용이 반복되는 사회에서는 누구도 편안하지 않다.

4. 인간의 영역과 신의 영역

　교회 공동체조차 돈을 중시하고, 돈을 내는 사람이 자리를 차지하는 기업체처럼 운영되면서 예수가 있어야 할 자리에 목사가 자리를 잡은 희한한 일이 벌어지고 있다.

　한 방송인은 어릴 때 초·중·고등학교를 미션 스쿨을 나와 기독교 문화에 대해 알고는 있지만 교회에 가면 목사님이 왜 헌금을 강요하고 예쁜 집사님에게만 말을 거는지 이해하기 어려웠다고 입을 열었다. 하나님이냐 돈이냐의 문제는 돈의 심리학적 측면을 살펴보는 데 필수적인 요소 중의 하나다.

　하나님과 돈은 우리 삶에서 매우 중요한 측면이다. 하지만 이 두 가지는 우리의 심리적 태도와 행동에 강력한 영향을 미치는 데에 있어서 서로 다른 역할을 한다. 돈과 하나님에 대한 우리의 감정과 행동에 대해 탐구하고, 두 가지 요소가 어떻게 우리의 삶을 형성하고 영향을 미치는지에 대해 알아볼 필요가 있다.

　돈과 하나님은 갈등과 조화를 표현한다. 돈에 대한 욕망과 우리의 삶은 연결되어 있다. 돈은 우리가 보다 풍족하고 안정된 삶을 살 수 있게 해 주는 것으로 여겨진다. 그러나 돈에 대한 끊임없는 욕망은 우리를 더욱 불안정하게 만들 수도 있다. 돈을 얻기 위해 끊임없이 노력하는 것이 우리의 가치와 정체성에 어떻게 영향을 미치는지를 고려해야 한다.

하나님과 정신적인 만족감은 같은 방향이다. 신앙은 많은 사람들에게 정신적인 만족감과 평화를 제공한다. 하나님과의 연결은 우리의 가치와 목표를 정립하는 데에 도움이 되며, 어려움을 극복하는 데에도 지지를 제공한다.

돈과 행복의 관계는 다양하게 표출된다. 많은 연구들이 돈과 행복의 관계를 탐구해 왔다. 돈은 일정 수준 이상에서는 행복 수준에 큰 영향을 미치지 않는 것으로 나타난다. 또한 돈으로는 얻을 수 없는 것들이 우리에게 행복을 가져다주는 경우가 많다.

하나님과 행복의 관계는 깊이 연결되어 있다. 신앙심이 있는 사람들은 종종 하나님과의 관계를 통해 깊은 내적 행복을 경험한다. 신앙인들은 어려움을 극복하고, 생활의 목표를 달성하는 데에 하나님으로부터 도움과 영감을 받는다.

돈의 심리학에 있어서 탐욕은 중요한 주제 중 하나다. 돈에 대한 강한 욕망과 탐욕은 우리의 가치관과 행동에 영향을 미치며, 때로는 도덕적인 고려와 충돌할 수 있다.

하나님과 함께하는 사람들은 탐욕을 극복하기도 한다. 하나님을 믿는 사람들은 교회 안에서 관계망을 통해 종종 탐욕을 극복하는 데 도움을 받는다. 그들은 더 높은 목표와 윤리적인 가치를 중시하며, 자기중심적인 욕망을 억제하기 위해 노력한다.

돈과 하나님은 우리 삶에서 중요한 측면으로, 심리적으로 우리에게 영향을 미치는 요소다. 돈과 하나님 사이의 균형과 조화를 찾는 것이 우리의 정신적 풍요로운 삶을 이끄는 지름길이라고 할 수 있다.

큰 교회가 작은 교회를 도와 할 수 있는 일도 많다. 작은 교회들이 이주민을 대상으로 한 어려움을 해결해 주고, 큰 교회가 추석을 맞아 식사를 제공하고 롯데월드, 아쿠아리움 관람권 등을 지원하는 방식 등이 그것이다. 구 러시아의 고려인들이 이주해 오면서 한국에서 태어나지 않은 초·중·고 학생들이 정착하는 데 어려움을 겪고 있다는 소식이다. 이들이 은둔자가 되지 않고 지역 사회에 정착하도록 하는 일을 교회가 나서서 앞장서야 한다.

진화론 시각에서 마음의 한계와 생각의 함정을 포착하는 것이 중요하다고 강조한 『클루지』(개리 마커스 저)에서 저자는 이 책 '클루지가 선사하는 독특한 기회'라는 대목에서 "전체 인구의 거의 절반이 한 번쯤은 시달릴 정도로 정신 질환이 흔한 까닭이 무엇인지, 나아가 돈으로 행복을 살 수 없는 까닭이 도대체 무엇인지 살펴야 한다."라고 언급한다. 맞는 말이다.

5. 비영리민간단체 꿈꾸는 마을의 모금가 정창교

2011년 10월 7일 사단법인 꿈꾸는마을이 인천광역시 문화예술과의 승인을 받아 법원에 등록되었다. 2015년 전문예술법인이 된 뒤 모금 사업에도 적극 나서게 되었다. 공공 기관과 기업체 및 개인을 대상으로 장애인예술단을 홍보한 결과 2023년 8월 현재 100여 명의 개인 후원자들과 10여 곳의 공공 기관 및 기업체가 후원에 참여하고 있다.

2011년 영종예술단을 만들어 첫 보조금 사업으로 인천문화재단으로부터 500만 원을 지원받아 인천국제공항 밀레니엄 홀을 비롯해 세계평화의 숲 등 7곳에서 우리는 성장하는 동료들을 보며 웃음이 만발하였다.

2011년 7월부터 3년간 한국문화예술위원회의 공모 사업을 통해 매년 6번씩 발달 장애인 문화예술 전문 잡지 『꿈꾸는사람들』을 제작하였다. 이를 기반으로 2014년 인천 장애인 아시아경기대회 당시 국내 장애인계를 대표해 장애인문화예술 한·중·일 국제세미나를 개최하였다.

2015년 전문예술법인이 된 뒤 꿈꾸는마을 오케스트라를 만들어 한국장애인재단의 도움을 받아 역량 강화 수업을 진행하고, 공연을 본격화하게 되었다.

2016년 11월에는 일본 IT기업의 초청으로 도쿄 ISFnet그룹 본사와 사업장에서 공연을 하였다. 은둔자들을 지역 사회로 불러내 평생직장을 제공하는 이 업체는 도쿄에서 존경받는 기업이었다. 시각 장애인 정선화 명창과 시각 장애인 인간문화재 조경곤 고수가 동행하였다. 자폐성 장애 청년의 노래와 사물놀이도 펼쳐졌다. 2019년에는 코로나19 발발 직전에 중국 헤이룽장성 치타이허시 벌리현 조선족소학교에서 장애인예술단 공연이 열렸다. 가수 래준이 참여한 음악 여행을 담은 영상도 공개하였다.

　2019년 4월 19일은 꿈꾸는마을이 또 한 번 세상의 화제 중심에 섰다. 영종예술단에서 활동해 온 색소폰 박진현, 비올라 백승희, 첼로 유은지, 바이올린 김유경, 플루트 박혜림 씨가 국민일보사 사원으로 입사한 것이다. 당시 기자 신분이던 정창교 단장이 국민엔젤스앙상블 단장을 겸임하였다.

　이들은 근무 기간이 2년을 경과하면서 무기 계약직으로 전환되었다. 국민일보 사장이 첫 공연에 참여해 단원들과 함께 촬영한 사진이 신문에 대서특필되었다.

　2019년과 2020년은 인천광역시 장애인복지과의 장애인문화예술 분야 공모 사업에 선정되어 인천시 장애인 문화예술 인프라 구축 사업을 추진하였다. 이를 계기로 인천시장상을 받는 영예도 얻게 되었다. 2021년 5월과 11월에는 인천광역시 문화예술과 장애인문화예술창작 지원

사업에 선정된 창작 어울림 페스티벌을 통해 단원 규모를 50명 내외로 확대하였다.

2022년 9월에는 현대엔지니어링에 발달 장애인 청년 미술작가 9명을 취업시키는 데 성공하였다. 매년 5차례 이상 전시회를 개최하여 장애인 작가들의 존재를 널리 알리게 되었다. 이 과정에서 가장 큰 역할을 한 것은 유튜브 방송 '정창교의 문화초대석'을 매월 1회 진행하고, 2011년 7월부터 2022년 7월까지 통권 33권의 장애인문화예술 전문지 『꿈꾸는 사람들』을 펴낸 것이었다.

CMS에 참여한 개인들도 꿈꾸는마을이 잡지를 우송할 때마다 반응이 나타났다. 기업체들도 이 잡지를 보고 전문예술법인으로 성장한 꿈꾸는마을을 지원을 끊지 않았다. 인천경제자유구역청 직원들은 발달 장애인 청년 미술 전시회를 2년째 허용하면서 7월 전시회를 계기로 발달 장애인들이 그린 그림을 담은 엽서를 추가로 요청하였다. 50세트를 추가로 우송하였다. 공무원들이 자폐인들의 그림에 감동해 자발적으로 그림엽서를 더 요청해 온 것은 기획자 입장에서는 감격스러운 일이었다.

인천국제공항공사는 사단법인 꿈꾸는마을의 가장 강력한 후원자 역할을 하고 있다. 2011년 장애인예술단이 창단된 뒤 3년 동안 공항을 일부 개방해 공연할 기회를 제공했으며, 공항 철도 운서역 광장에서 펼친 서해평화도로축제를 지원해 영종국제도시에서 장애인예술단이 오랜 기간 활동하도록 지원하였다.

올해는 인천경제자유구역청 2층 G갤러리에서 열린 꿈꾸는파랑새들 미술 전시회와 발달 장애인 음악 축제를 위해 기부금 500만 원을 집행하였다. 올 가을에는 영종도서관과 우리동네꽃피우다가 영종예술단과 함께 오랜 시간 진행해 온 영마루 공원 음악회에 처음으로 인천공항공사가 홍보 부스를 만들어 참여한다는 소식이다. 영종예술단은 평화도시 타악퍼포먼스와 꿈꾸는마을 합창단이 출연한다. 총 출연팀 중 절반을 영종예술단이 맡게 된 것이다. 올 12월 문을 여는 공항지역 내 인스파이어카지노 K팝 공연장에서도 발달 장애인 예술가들이 참여하는 콘텐츠를 추진할 생각이다.

한국마사회 인천중구지사도 오랜 기간 장애인예술단 활동을 지원하고 있다. 올해는 지난해 이어 꿈꾸는황금마차 축제를 지원하였다. 송도 케이슨24 미술관에서 발달 장애인 작가 9명이 각각 개인전 수준의 작품을 집대성해 사상 최대 규모의 전시회를 열 수 있게 지원하였다.

인천도시공사와 인천항만공사, SK인천석유화학도 든든한 역할을 오랜 기간을 지속하면서 장애인예술단이 일자리를 창출하도록 응원하였다.

하지만 아직도 상근자 인건비를 줄 수 있는 여건이 안 되고 있다. 법인에서는 2020년 6월부터 꿈꾸는마을 장애인활동지원기관을 운영하고 있다. 활동지원사 130명 가량이 활동하고 있다. 돌봄 서비스가 필요한 110여 명의 장애인들에게 일대일 서비스가 제공되면서, 바우처 예산을 활용해 서비스를 제공하고 급여를 받는 신중년들이 다수 고용되어 있다.

2023년 1월 신문사를 정년 퇴임한 뒤 온라인 건물주가 되기 위한 다양한 학습에 참여하였다. 학습자에서 강사로 변신한 것은 오랜 시간이 걸리지 않았다. 왕초보 프롬프트 엔지니어 무료 강의를 개최한 결과 수십 명의 학습자들이 귀를 열고 경청하는 모습을 경험하였다.

지금은 전자책 쓰기 강의가 활발하다. 외부 요청으로 카카오톡 오픈방에서 8차례를 강의하면서 심화 교육을 원하는 책 쓰기 교실을 만들어 20여 명의 예비 작가를 만나고 있다. 8월 11일 필자가 직접 운영하고 있는 '5080경험자산플랫폼'에서 책 쓰기 무료 특강을 하는 과정에서 노인들과 만나고 있는 한 50대 간호사는 혼자서 듣기가 너무 아까운 노인들의 삶을 책으로 묶어 내고 싶다는 의견을 제시하였다.

문예회관 문화예술 교육프로그램 지원 사업으로 진행된 60세 이상의 시니어들을 위한 작사가 교실에 참여해 유명한 노래 음색을 바탕으로 노랫말을 썼다. 그 가사를 원용해 전공자들이 무대에서 노래를 하는 감격적인 순간이 왔다.

한 사람 한 사람이 돈의 심리학에 따라 자신의 인생에 새긴 흔적들은 큰 울림을 주는 스토리텔링이 가능하다. 사람 책이 곳곳에서 말을 걸어 온다. 이들을 취재하고, 글을 쓰면 책이 될 수 있다.

돈에 울고, 돈에 웃고, 돈에 대하여

"돈을 잃는 것은 조금 잃는 것이다.
사람을 잃는 것은 조금 많이 잃는 것이다.
건강을 잃는 것은 전부를 잃는 것이다."

- 김남선

김남선(金南仙)

이메일: pen627@naver.com
핸드폰: 010-8963-3425

학력

- 서울 예명대학교대학원 사회복지학과 박사
- 예일 신학 대학원대학교 사회복지학과 입학
- 서울 사회복지대학교 대학원 평생교육원 사회복지 최고 위 과정 수료
- 서울 사회복지대학교 대학원 사회복지학과 석사
- 서울 벤처대학원대학교 평생교육원 사회복지 창의적 교수법 최고위 과정
- 한국 방송통신대학교 농학과, 문화교양학과, 농학사, 문학사
- 성신여자대학교 간호학과 방문간호 수료, 방문간호, 간병사
- 단국대학교 청양농업 최고 경영자 과정 우수상 수료

경력

- 소년한국일보 교육 전문 객원기자
- 한국 열린사이버대학교 특임교수
- 서울 사회복지대학교대학원 평생교육원. 중독재활상담사과정 주임교수
- 치매 예방 노래지도사과정 주임교수. 찬양, 율동 노래지도사과정 주임교수
- 서울 사회복지대학교 대학원 학점은행제 지도교수
- 사회복지 정책론, 사회복지 실천론, 학교 사회복지론, 사회복지 행정론
- 인구와 미래 정책연구소, 인구교육 전문 강사
- KCA 공공기관 면접위원
- 대구 파티마병원 간호과
- 영천 성베드로병원 간호과
- 아이비 원격평생교육원 개발교수. 학교 사회복지론
- 한국 HRD 원격평생교육원 운영 교수. 장애인 복지론
- 동물복지상담사 1급 강사
- 펀 리더 코칭 강사

활동

- 우리 모두 행복한 세상, 실버파크 주야간 보호센터. 명인당 한의원. 은혜 제가 요양센터. 늘봄 제가 요양센터. 해늘 제가 요양센터. 가양 데이케어 센터, 등촌 복지관 데이케어 센터.
- 보건복지 가족부. 양천지구 유해환경 감시단

논문

- 학위논문(학사: 주말농장, 허준박물관 2편 노인의 여가 활동이 삶에 미치는 영향에 관한 연구 박사 1편)

수상

- 한국청소년육성회 양천구청장 표창장
- 양천구 자원봉사자센터. 봉사자 동상 수상
- 새한 일보: 한국 산업진흥 대상 수상
- 한국문화예술 명인회 문화복지 산업 명인
- 단국대학교 청양농업 최고 경영자 과정 우수상 수상
- 대한민국신지식인협회: 교육 분야 신지식인선정, 교육복지 대상 수상
- 대한민국 바른 통일포럼: 공로상 수상, 사무총장

출간

- 『지구별 소풍과 귀천,(웰다잉 총서)』
- 『내면의 평화를 위한 화해와 용서』
- 『돈의 심리학,(money가 뭐니?)』

자격

- 사회복지사(보건복지부 장관)/평생교육사(교육부 장관)/건강가정사(서울 사회복지대학교대학원 총장)/요양보호사(서울시장)/간호조무사(보건복지부 장관)/자동차 운전면허증 1급(서울지방경찰청장)/더 퍼멘 티스트 1급(발효지도사)/심리상담사, 학교폭력 예방 상담사, 레크리에이션 지도사/성폭력. 가정폭력 상담사, 중독 재활상담사/장애인 활동 보조인 스토리텔링과 책 놀이, 결혼 상담사 1급/청소년 상담사, 치매 예방관리지도사 과정 외 다수

1. 돈의 의미

하루의 시작, 오늘도 당신에게 큰 행복이 있었으면 좋겠습니다. 우울하고 어두운 얼굴보다, 밝은 미소로 마음의 문을 활짝 열어 광명의 빛을 느끼게 하는 새 아침의 길을 나서게 하소서. 풍요롭고, 번성해도 마음이 행복하지 못하면 무슨 의미가 있는가? 우리는 과연 잘 살아가고 있는가?

지식보다 더 중요한 것이 인성이다. 우리는 피라미드처럼 쌓아 올린 스펙보다 인간의 됨됨이가 올곧은 전인적인 품성을 요구하는 시대에 살아가고 있다. 우물이 깊어야 맑은 물을 길어 올릴 수 있듯이 인격을 갖추지 못한 지식은 끝내 욕심으로 추락하고야 마는 사회악이 될 뿐이다. 높은 빌딩을 올리기 위해서는 먼저 눈에 보이지 않는 지하 지반을 단단하게 다져 놓아야 하듯, 선인들의 소박한 삶에서 우리는 그 열쇠를 찾을 수 있다.

콩 한 쪽도 나눠 먹던 여유에서 바른 덕목을 배워야 한다. 진정한 행복을 배우고 생명의 소중함을 깨달아 긍정적이고 진취적인 마인드를 회복하기를 바라면서…. "착한 일을 하는 사람에게는 하늘이 복을 주고 악한 일을 하는 사람에게는 하늘이 재앙을 내린다." 공자는 하늘의 밝은 섭리로 자신을 반성하며 인간 본연의 양심을 보존함으로써 숭고한 인격을 닦을 수 있다는 것을 제시해 주고 있다. 인간의 기본 덕목은 변하지 않는다.

맹자는 "인은 측은지심으로 불쌍한 것을, 가엽게 여겨 정을 나누는 마음, 의는 수오지심으로 불의를 부끄러워하고 악한 것을 미워하는 마음, 예는 사양지심으로 겸손하여 남을 위해 사양하고 배려하는 마음이고 지는 시비지심으로 옳고 그름을 가릴 줄 아는 마음이고 신은 광명 지심, 중심을 잡고 가운데 바르게 서 밝은 빛을 냄으로 믿음을 주는 마음이라." 하였다. 마음속에 이 구절을 간직하고 살아간다면 상황이 바뀌어도 사람의 도리에서 크게 벗어나는 일을 스스로 막을 수 있을 것이고 지혜롭게, 시대에 맞게 적용시키며 살 수 있는 능력도 생길 것이다. 모든 물건은 사용하면 닳고 줄어들게 마련이다. 그러나 아무리 써도 줄어들지 않는 것이, 바로 사랑이고 넉넉한 마음이다. 우리 모두 사랑하는 마음으로 줄어들지 않는 사랑의 화수분으로 살아가기를 기대한다.

마음먹기에 따라 지옥을 천국으로 만들 수도 있고 천국을 지옥으로 만들 수도 있다. 사람의 욕심은 끝이 없다. 불평과 행복은 함께하지 못한다. 감사해야 더욱 감사할 일이 생긴다는 것이 진리이다. 작은 일에 감사할 줄 알아야 행복한 사람이 된다. 사마공은 말하였다. "돈을 모아 자손에게 남겨 줄지라도 반드시 자손이 능히 다 지킨다고 할 수 없으며 책을 모아 자손에게 남겨 줄지라도 자손이 능히 다 읽지는 못할 것이니 드러내지 않는 가운데 음덕을 쌓아 자손을 위하여 계획을 세우는 것만 못하다." 감사와 기쁨으로 하늘에는 영광, 땅에는 평화, 우리에게는 사랑이 가득히…. 황혼의 멋진 삶은 건강이다.

우리가 진짜 행복을 느낄 때는 내 것이 많을 때가 아니라 내가 좋아하는 것을 함께 나눌 사람이 있을 때, 열정으로 성공의 열쇠를 사랑과 행복이 넘치는 기분 좋은 날이다. 작은, 노력이라도 끈기 있게 계속하면 큰일을 이룰 수 있다. 꿈을 실현시키는 기록의 힘! 종이 위의 기적이 이루어지기를 바란다. 삶의 과정이 행복인 것을, 산꼭대기에 오르면 행복할 거라고, 생각하지만 정상에 오른다고 행복한 건 아니다. 같은 곳에 있어도 행복한 사람이 있고 불행한 사람이 있다. 정말 행복한 사람은 모든 것을 다 가진 사람이 아니라, 지금 하는 일을 즐거워하는 사람, 자신이 가진 것을 만족해하는 사람, 하고 싶은 일이 있는 사람, 갖고 싶은 것이 있는 사람, 갈 곳이 있는 사람이다.

김홍신 작가의 『죽어도 행복을 포기하지 마라』에서 누군가와 밥 한 끼 나눈다는 것은, 그것은 밥, 그 이상의 의미가 있다고 한다. 내가 너를 알아 가고 싶다는 것, 내가 너를 위해 애쓰는 마음, 내가 너의 삶의 안녕을 묻는 안부이고, 너의 생각을 지지한다는 격려이고, 내가 너의 마음 안에 들어가고 싶다는 고백이기도 하다는 문장에 필자 또한 공감한다.

김이율 작가의 『가끔 이유 없이 눈물이 날 때가 있다』 중 운전하는 법을 배울 때도 수영을 배울 때도 노력을 해야 한다는 걸 잊지 마! 모든 일이 그렇잖아. 노력한 만큼 가치 있는 결과를 얻는 거야.

릴리언 R. 리버의 『길 위의 수학자』에서는 노력한 만큼 얻는 것이고 진리이며 간단한 원리라고 한다. 당장 얻어지지 않을 수도 있지만 그러나 때가 되면 노력한 만큼의 결과가 열매처럼 선물처럼 드러나며 인생은 기회들로 가득 차 있지만 행동하지 않는다면 아무 일도 일어나지 않는다는 말들을 명심하고 살아가면 좋겠다.

2. 행복과 불행

작은 것이라도 만족하면 그것은 행복이요. 큰 것이라도 만족하지 못하면 그것은 곧 불행이고 가난한 사람이다. 지금 행복해야, 아름답고 행복한 삶이다. 오늘도 긍정적이면 내일도 행복하리라. 항상 좋은 생각을 하며 좋은 일이 생긴다. 돈은 나를 더 나은 사람이 되고 싶게 한다. 살아 숨 쉴 수 있는 이 아름다운 아침을 열어 가며 사랑과 은혜가 충만한 행복한 하루가 되길 바란다.

브레히트의 『배움을 찬양함』에서 배움을 멈추지 마라. 날마다 한 가지씩 새로운 것을 배우면 경쟁자의 99퍼센트 앞에 설 수 있다고 한다. 당신은 바로 나의 행운이다. "배워라, 난민 수용소에 있는 자여, 배워라, 감옥에 갇힌 자여, 배워라, 부엌에서 일하는 자여, 배워라, 나이 60이 넘은 사람들이여, 학교를 찾아가라, 집 없는 자여, 지식을 얻어라, 추위에 떠는 자여, 굶주린 자여, 책을 손에 들어라. 책은 작은 하나의 무기다."라는 문장을 마음에 담고 실행하면 성공하게 되고 돈은 저절로 따르지 않을까 생각한다.

3. 자아존중감

 모든 일이 생각대로 되면 얼마나 좋을까? 무엇이든지 꿈꾸는 대로 되면 얼마나 좋을까? 말하는 대로 다 이루어지면 어떨까? 가만히 소원을 빌어 본다. 좋은 기회가 와도 내가 제로라면 아무것도 아니다. 준비된 인생만이 곱셈이다.

 시간이라는 약! 지금 당장, 이 시간 현실의 시간을, 벗어날 수 없다. 고통스럽고, 질병에 시달리고, 실수와 실패도 맛보고, 당장 해결할 수 있는 길도, 잘 보이지 않아 답답하다. 그러나 지난 경험들을 뒤돌아보며, 그 안에 답이 있음을 발견한다. 시간이라는 약으로 기적처럼 극복해 낸 경험이다. 덥고 답답한 마음, 근심 걱정 모두를, 폭포수에, 강물에, 바다에, 산에, 던져 버리고, 시간이라는 막강한 힘을 생각하며 고통의 시간, 이 또한 가는 세월 속으로 지나가리라.

 그대가 아끼는 것을, 조금은 멀리 두고 보자. 그리움은 간격이 필요한 것이다. 볼 수 있는 눈이 있고, 사랑할 수 있는 마음이 있고 서로 맞잡을 수 있는 손이 있다. 이 세상은 충분히, 아름답다. 인생이 끝나는 것을, 두려워하지 말고, 인생이 한 번밖에 없다는 것을 늘 기억하며 시간을 알차게 보내기로 하자. 시간은 돈이고, 금이고, 행복이다. 인생 초로, 인생은 풀에 맺힌 이슬과 같고 잠시 풀잎에 맺혔다가 스르 사라지는 이슬과 같은 것! 그 찰나의 순간을 살다 가면서 우리는 무엇을 마음에 담아야 하고 무엇을 내려놔야 할까?

『명심보감』에 우리가 인생을 살아가면서 하지 말아야 할 다섯 가지가 있다고 한다.

첫째, 원망하지 말 것, 둘째, 자책하지 말 것, 셋째, 현실을 부정하지 말 것 넷째, 궁상떨지 말 것, 다섯째, 조급해하지 말 것

우리가 해야 할 것 다섯 가지는?
첫째, 자신을 바로 알 것, 둘째, 희망을 품을 것, 셋째, 용기를 낼 것, 넷째, 책을 읽을 것, 다섯째, 성공한 모습을 상상하고 행동할 것

이 열 가지가 우리의 삶을 결정한다고 한다. 실수하며 보낸 인생은 아무것도 하지 않고 보낸 인생보다 훨씬 더 유용하며 독서는 집안을 일으키는 근본이다.

돈 없어도 행복감을 느낄 수 있는 자작시 한 편 소개한다.

흑구, 백구

김남선

초록이 눈부신 시골길
발걸음 소리 날 때마다
농사일 마을마다 바쁘구나!

비 갠 날, 높은 산, 무지개,
마을 건너 저편 들녘
푸른 산, 황금 들판, 그득하다.

생계가 막막하다고 말하지 마라.
맛있는 나물이 동산에, 텃밭 그득하다.

초록이 눈부신 시골길
발짝 소리 날 때마다
멍, 멍, 멍, 살랑살랑

다음 날, 다다음 날도
멍, 멍, 멍, 흔들흔들

흑, 백구 신난다.
내 맘 덩달아 춤춘다.

4. 돈과 행복은 꿈을 꾸는 사람만 이룰 수 있다는 진리다

깊어 가는 가을 오곡백과 풍요롭다. 이미 지난 일에 얽매이지 않고 다가오지 않은 미래를 불안해하지 말고 현재에 충실한 최고의 삶을 살아 탐스러운 과일이 주렁주렁, 알찬 열매로 가득하다.

미소는 돈이 들지 않지만 많은 것을 이루어 낸다. 웃으세요. 하하하 웃으면 복이 와요. 미소는 번개처럼 짧은 순간에 일어나지만, 그 기억은 영원히 지속되기도 하고 미소 없이 살아갈 수 있을 만큼 부자인 사람도 없고 미소의 혜택을 즐기지 못할 만큼 가난한 사람도 없다. 미소는 가정에서 행복을 꽃피우게 하고 직장에서 호의를 베풀게 하며 친구 사이에는 우정의 징표가 된다. 미소는 지친 사람에게는 안식이고 낙담한 사람에게는 희망의 새 빛이다.

행복의 비밀은 할 일이 있는 사람, 좋아하는 일을 하는 사람에게서 볼 수 있다. 또한, 가족과 함께할 때 필요한 것은 칭찬이라는 강력한 힘이다. 항상 즐거운 마음을 가지고, 친절한 사람으로, 적극적인 사람으로, 미소로 인사하고 대화로 칭찬하자. 웃으세요. 기쁨은 재물 속이 아니라, 마음속에 있음에 감사하고, 사랑하고, 소망하고, 기도하는 사이에 생기고 이러한 행동들이 우리를 행복하게 만든다.

베풂의 기쁨을 나누고 가을의 코스모스를 바라본다. 열심히 배우고 많은 꿈을 가지고 살 때도 있었고 꿈을 이루기 위해, 열심히 살았던 때도 있었다. 인생의 후반전은 모든 것 서서히 마무리할 시기. 정리할 것은 정리하고 남은 인생 즐겁게 살아가는 데 관심을 가져 보고 베풂의 기쁨을 만끽하자.

모르는 것을 아는 척할 필요도 없으며 아는 것도 굳이 다 안다고 떠벌릴 필요도 없으며, 그냥 넘어갈 수 있는 마음의 여유를 가질 때이다. 베풂은 베풀수록 샘물이 솟아나 마르지 않고 고요하게 흐르는 시냇물처럼 우리의 마음을 채운다. 우리의 마음속에서 사랑이 남아 있다면 그것이 행복이다.

오늘 귀하고 소중한 사람들과의 만남도, 생각보다 오랫동안 남아 있지 않고, 우리가 살아가는 하루하루의 삶은 그 무엇보다 소중하다. 인생을 살아가면서 한 권의 책의 의미는 다정한 친구다. 책은 나를 발견하는 길이며 세상으로 열린 창문이며 즐거움과 행복의 위안이다.

5. 돈과 건강

"어제와 똑같이 살면서
다른 미래를 기대하는 것은 어불성설이다."

- 아인슈타인 -

그 사람의 얼굴을 보면 그 사람이 어떤 사람인지 알 수 있다. 가장 중요한 것은 그 사람의 얼굴빛과 표정이다. 얼굴, 표정과 마음은 바로 연결되어 있다. 마음이 어두우면, 얼굴, 표정도 어둡다. 마음이 밝으면 얼굴, 표정도 밝다. 밝은 얼굴은 행복하다는 것. 마음속에 꿈과 비전을 간직하면, 행복한 사람이 된다.

걱정하고 두려워하는 사람보다 행복을 꿈꾸며 이를 이루어 가는 사람의 표정은 밝다. 행복한 얼굴은 행복한 삶을 만든다. 우리 매일매일 즐겁게 살아 보자. 우리 인생은 두 번 살지 못한다. 항상 즐겁고 행복하게 그리고 건강하게 사랑을 나누며 살자.

인생의 시계는 단, 한 번 멈추지만 언제 어느 시간에 멈출지는 아무도 모른다. 인생에서 중요한 것은, 실패하지 않는 것이 아니라, 실패해도 좌절하지 않는 데 있다. 꿈을 계속 가지고 있으면, 언젠가는 반드시 그것을 실현할 때가 올 것이다. 오늘 어떤 꿈을 가지고 있다면 기회를 사용할 수 있도록 철저히 준비하자.

아무리 곤경에 처해 있어도 당황하지 말자. 사방이 다 막혔다고 실망하지 말자. 하늘을 우러러보며 다시 결의를 다져 보자. 하늘은 스스로 돕는 자를 돕는다고 하지 않던가. 내 안에 무겁게 자리하고 있는 것도 내려놓고 홀가분해진 마음으로, 차분히 다시 시작하자. 새 아침의 긍정적인 기운을 듬뿍 받아 오늘 하루도, 그리고 내일도 즐거운 일이 가득하길 소원해 보자. 스스로 비우고 가볍게 늘 넘치는 샘물처럼 만족함과 즐거움이 철철 넘치는 또 다른 내일을 기대하면서 매일매일 즐겁고 행복하게 살자. 마음에 기운을 불어넣어 줄 수 있는 맛있는 음식 먹고 소중한 가족과 특별한 시간 함께하자.

6. 진실한 행복

행복은 먼 곳에 있는 것이 아니다. 밖에서 주어지는 것도 아니다. 내 가까이 있는 한 사람, 한 사람을 소중히 하는 데 있다. 이 쉬운 것을 우리는 알면서도 자꾸 잊고 산다. "오늘도 즐겁고 행복한 하루! 당신의 생각대로 될 것이다."라는 믿음으로….

아는 것이 힘! 움직여서 행동으로 옮겨 실천하면 당신의 생각대로 그대로 될 것이다. 정말 성공을 원한다면, 시간을 아껴라.

세상의 모든 희망은 초심, 지금부터 시작된다. 열심, 언제나 모든 일에 최선을 다하고 뒷심, 끈기 있게 마무리한다면 원하는 희망이 이루어진다.

"비록 아무도 과거로 돌아가 새출발을 할 수는 없지만
누구나 지금 시작해 새로운 엔딩을 만들 수 있다."

- 칼 바드 -

짐 캐리의 사례를 잠시 소개하면, 가짜 천만 달러 수표를 만들어 언젠가는 진짜 천만 달러로 만들겠다는 목표를 설정하였고, 자신이 세운 천만 달러의 약속을 지키기 위해 항상 종이 위에 적혀 있는 천만 달러라는 숫자를 보면서 마음을 다지면서 차근차근 목표를 이루어 나갔다. 결국, 영화「배트맨 3 포에버」를 통해 출연료 천만 달러를 받아 그가 세웠던 목표를 달성한다.

7. 믿음이 내일을 만든다

　내일은 오늘보다 조금 더 좋아질 것이다. 내일은 오늘보다 조금 더 괜찮아질 것이다. 목적지도 어떤 내일이 다가올지도 모르는 오늘이지만, 기지개를 켜기 위한 웅크림의 시간이며 침묵의 기다림이다. 숨을 헐떡이며 지내 온 시간, 홀로 버텨야 했던 불안한 지금 내일을 위한 희망이 될 수 있다.

　성공은 아니더라도 지금 내가 걸어온 시간이 성장의 시간이 되어 내일을 비추어 줄 것이며 기쁨의 시간이 되어 내일을 행복하게 만들어 줄 것이다.

　좋은 일만 있을 것 같은 날, 웃음 잃지 않고 행복한 일만 가득하길, 빗방울이 바위를 뚫는 것은 힘이 아니고 꾸준함이다. 끝까지 버티는 사람이 이긴다. 끝까지 노력하는 사람이 이긴다. 끝까지 포기하지 않는 사람이 이긴다. 성공한 사람들은 대단히 목표 지향적이다. 그들은 자신이 원하는 뜻을 알고 있으며, 하루하루 오로지 그 뜻을 이루는데, 전념한다.

　어릴 적에는 훌륭한 사람이 되고 싶었는데, 지금은 건강하고, 행복한 사람이 되고 싶다. 아프지 않으면 건강한 사람이고 괴롭지 않으면 행복한 사람이다. 즐거움과 행복이 함께하는 멋진 내 삶을 위해 활기차게! 오늘은 또 어떤 일로 행복한, 하루가 될까?

아들이 건네준 편지

어머니 사랑합니다.

무엇이든 제게 주시는 모든 것, 감사함으로 받아들입니다. 결과가 무엇이든 주신 모든 것을, 온전히 수용합니다. 어머니께서 값진 비용을 지불하시듯, 저 또한 모든 값을 내겠습니다. 김남선 이름 세 글자 잊고 자녀들을 아낌없이 사랑으로 키워 주신 행복한 기억 속에서, 어머니께 감사하며, 당신을 존경하는 심정으로 제가 받은 전부를 귀하게 사용하겠습니다. 어머니의 사랑이 무의미한 일이 되지 않게 저의 심장 가장 안쪽에 깊이 새겨 두겠습니다. 어머니께서 하셨듯이 저도 아이들에게, 어머니의 따뜻한 사랑을 전하고 싶습니다. 당신은 제 어머니이고 저는 당신의 아들입니다. 어머니는 원대하고 저는 소소합니다. 당신은 아낌없이 주시고 저는 그저 받습니다. 어머니께서 아버지를 남편으로 만난 일은 얼마 큰 기쁨인지요. 김남선, 장국환 두 분만이 제게 가장 잘 맞는 부모님입니다.

- 보섭 올림

참 행복하다. '오늘도 잘 살았어.'라고 말할 수 있어서. 오늘도 변함없이 내 삶에 고마운 분들의 행복한 하루이기를 바라며 응원하고 무조건 행복하고 건강하길 바란다.

8. 인생이란?

　인생이란 무엇일까? 귀인을 만나면 귀인이 되는 거고, 하찮은 사람들만 만나면 하찮게 되는 것이 인생이다. 내가 만나는 사람들이 내가 어떤 사람인지 말해 준다. 좋은 사람들과 교류하고 친분을 쌓으면 나도 좋은 사람이 될 수가 있다. 좋은 사람이 옆에 있으면 어떻게 사람들을 대하는지, 인간관계를 형성하고 유지하는지 배울 수 있다.

　십억을 벌고 싶다면 십억을 벌어 놓은 사람들에게 배워야 하고 백억을 벌고 싶다면 백억을 벌어 놓은 사람에게 배워야 한다. 성공하고 싶다면 성공한 사람들과 교류하면서 그들을 관찰하고 모방한다. 그러면 얼마 지나지 않아 나도 성공한 사람이 된다.

　행복이란 화려하지 않아도 정결하게 사는 삶, 가진 것이 적어도 내게 주신 작은 힘에 감사하며 사는 삶, 나누며 사는 삶, 늘 한결같이 따뜻한 마음으로 항상 고맙고 감사함을 아는 삶. 살아가면서 우리가 해야 할 말은 언제나 '건강하세요. 힘내세요.'라는 말이다. 이런 말을 들을 때 힘이 난다. 삶은 너무 늦은 것도 빠른 것도 없고 지금이 가장 좋은 시간이다. 꿈은 준비하는 자에게로 기회가 온다.

9. 지칠 때마다 꺼내 보는 200억 자산가의 조언

1. 큰 꿈을 공유할 수 있는 사람들로 주변을 채워라.

2. 비슷한 위치의 사람은 나를 안주하게 만든다. 멘토를 만드는 것이 현명하다.

3. 동네 1등이 아니라 세계 1등을 따라 해라.

4. 얼마나 아는가가 아니라 얼마나 해 봤냐 싸움이다.

5. 한 달 걸릴 일을 3일 만에 끝낼 만큼, 몰입해라.

6. 목표마다 보상을 줘라. 그게 원동력이 된다.

7. 정말 어렵거나, 남들이 하지 않는 걸 해라. 거기서 큰 성공이 나온다.

마음을 잘 다스려 평화로운 사람은 한 송이 꽃을 피우듯 침묵하고 있어도 저절로 향기가 난다. 한평생 살아가면서 우리는 참 많은 사람과 만나고 참 많은 사람과 헤어진다. 그러나 꽃처럼 마음 깊이 향기를 남기고 가는 사람을 만나기란 쉽지 않다. 주고받음을 떠나서 사귐의 오램이나 짧음과 상관없이 사람으로 만나 함께 호흡하고 정이 들고 살면서, 더불어 고락도 나누고 기다리고 반기며 기쁘면 기쁜 대로, 슬프면 슬픈 대로 그렇게 담소 나누며 살아가면서 사랑을 미루지 말자. 우리에게 주어진 시간 얼마나 남았는지 아무도 모른다. 온 마음으로 사랑하며, 함께 가장 빛나는 시간으로 사는 것이 행복이다.

돈 워리 비 해피
(돈 Worry Be Happy!)

- 돈 뒤에 숨은 자존감을 찾아라!

- 이영권

이영권

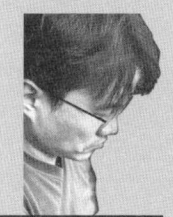

경력

- 화학공학을 전공하고 22년간 화학회사에서 근무했으나, 진정 자신이 하고픈 일을 찾기 위해 자진하여 은퇴함.
- 폭넓은 분야의 인문학 저서를 정리하여 온라인상에서 독서 모임과 인문학 강의를 하고 있으며 인생 2막을 함께 고민하는 개인 컨설턴트로 활동 중.

"어제 당연했던 것이 오늘은 당연하지 않은 세상입니다. 오늘 당연하지 않은 것이 내일은 당연하게 다가올 것 입니다. 이런 세상일수록 '자신'을 찾아야 합니다. 직업이 나의 아이덴티티가 아닙니다. 내 인생에 직업은 내가 선택한 '단수'일 뿐이지 나의 전부가 아닙니다. 내가 버는 돈 뒤에 숨어 있는 나의 '자존감'을 찾지 못한다면, 돈을 아무리 많이 벌어도 허무할 뿐입니다. 이제 돈을 당당히 걱정하세요! 그리고 행복해지세요! 그 솔루션을 전합니다.

돈(Money) Worry! Be Happy!"

"영권아! 돈을 밝히면 절대 안 된단다.
그냥 맡은 일만 열심히 하면 돈은 그저 따라오는 거야.
돈을 쫓으면 돈 때문에 망하게 된단다."

어릴 때 부모님께 들었던 당부의 말씀이다. 그런데 막상 50년 넘게 그 말씀대로 인생을 살아 보니 왠지 손해를 본 기분이다. 돈 밝히지 않고 죽어라 내 맡은 일에 진심으로 열심히 살았다. 그렇게 20여 년이 넘는 직장 생활을 하고 나서 주변을 둘러보았다. 놀라웠다! 나와 같은 학교를 졸업한 친구들 중에 내가 결코 잘살고 있는 것 같지 않았기 때문이다.

나보다 공부 못했던 친구들이 모두 대기업에 가서 억대 연봉의 팀장 또는 임원이 되어 있었다. 난 중소기업에서 8년, 일본계 화학회사에서 14년간 몸 사리지 않고 열심히 살아왔지만 그들에 비해 사회적으로 결코 높은 자리에 있는 것도 아니었고, 명확히 하고픈 꿈이 있어 그 꿈을 이룬 것도 아니었으며, 열심히 살면 따라온다는 그 돈도 남보다 많이 번 것도 아니었다. '무엇이 잘못된 것일까? 돈을 밝히지 말라고? 어쩜 이 당부가 나의 인생에서 중요한 부분을 놓치게 한 것은 아닐까?'

우리는 자본주의 사회에 살고 있다. 자본! 즉 돈이 경제의 중심인 세상이다. 그런 세상에서 돈을 모르고 돈에 무관심하며 산다는 것이 과연 바람직한 것일까? 반평생을 살고 보니 그 답을 알 수 있었다. 돈? 그거 중요하다! 유교적 관념으로 애써 외면하며 살아서는 안 되는 아주 중요한 삶의 원소(elements)와도 같은 것이다. 이제 돈은 걱정하자! 'Don't Worry'가 아니라 '돈(Money) Worry' 즉 '돈을 걱정하라!' 그래야 'Be Happy'할 수 있다.

직장을 은퇴하고 나서 1인 지식 기업가의 길을 걸으며 열심히 공부하고 경험하여 찾은 노하우를 정리하고자 한다. 돈과 함께 행복을 찾는 '경제 인문학'을 바탕으로 나의 자존감을 지키면서 돈 걱정 없이 평생을 살 수 있는 그 솔루션을 공개한다.

1. 잘산다는 것

인생을 건물에 비유해 보자. 눈과 비 그리고 햇살과 바람을 막아 줄 적절한 크기의 지붕이 필요하다. 그리고 그 지붕을 떠받쳐 줄 4개의 기둥이 필요하다. 그 4개의 기둥을 이렇게 정의해 본다. 아마도 많은 분들이 공감할 것이다.

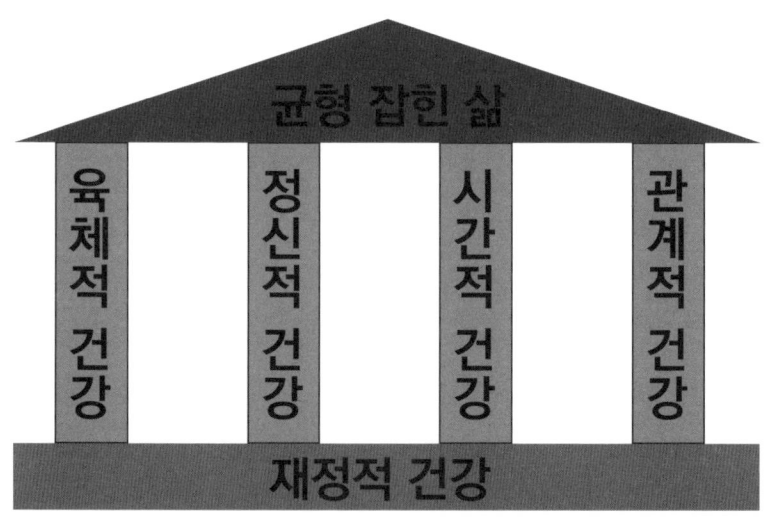

육체적 건강. 옛말에 부(돈)를 잃으면 조금 잃은 것이고, 명예를 잃으면 많이 잃은 것이며, 건강을 잃으면 다 잃은 것이라고 했다. 더 이상 설명이 필요 없다. 육체적 건강은 잘살기 위해 반드시 필요한 제1순위의 필수 요건이다.

정신적 건강. 현대인들은 모두 정신병자라는 말이 있다. 나 또한 정신병을 가지고 있다고 인정한다. 그 증상이 심했다 잦아들었다 할 뿐 모든 이들은 우울증, 조울증, 의처증(의부증), 분노 조절 장애, 불면증, 과대 망상증, 선택 장애, 스트레스 증후근, 공황 장애 등 수많은 작고 큰 정신 질환을 가지고 살고 있다. 단지 다들 그러니 치료의 필요성을 미처 못 느끼며 살고 있을 뿐이다. 그러기에 우리 모두 정신적 건강을 지키기 위해 노력하지 않으면 안 된다. 항상 정신 줄을 꼭 잡고 자존감을 지키며 행복을 느낄 수 있는 마음의 근력을 키워야 한다.

시간적 건강. 어느 의사가 있다. 그는 워낙 유명하여 1~2년 치 진료 예약이 이미 꽉 차 있다. 그래서 그는 집사람과 자녀 모두에게 하고 싶은 것은 무엇이든 할 수 있도록 금전적인 지원을 할 수 있다. 그러나 한 가지 할 수 없는 것이 있다. 바로 가족과 함께할 시간이다. 가족 여행은커녕 가족이 모두 모여 여유롭게 외식 한번 같이할 시간적인 여유가 없다. 과연 이 의사와 그의 가족은 잘사는 것일까? 내 시간을 스스로 선택할 수 있는 '시간 부자'가 이 시대의 진정한 부자라고 생각한다.

관계적 건강. 이 세상에 혼자서 성공한 사람은 없다. 많은 사람들과 좋은 관계를 유지해야만 성공할 수 있다. 또한 아무리 돈 많고 시간도 많고 건강히 오래 살아도 주변에 친구가 없고 사이좋은 가족이 없다면 그의 말년은 너무도 외로울 것이다. 그리고 자기 자신과의 관계도 좋아야 한다. 자기 자신을 믿고 사랑하고 늘 응원하며 나 자신을 잘 알고 돌볼 줄 알아야 행복할 수 있다. 즉, 지기지피(知己知彼)! 나를 먼저 알고 남도 알고 안팎으로 좋은 관계를 유지하는 관계의 건강이 중요하다.

이제 4개의 기둥을 모두 든든히 세웠다면 안심일까? 그 기둥을 받치고 있는 기단석 혹은 지반이 견고하지 않으면 아무리 튼튼한 기둥도 넘어지기 쉽다. 그 지반이 바로 '재정적 건강'이다. 즉 돈이 있어야 한다는 얘기다.

재정적 건강. 돈이 인생의 전부는 아니다. 하지만 그 전부(4개 기둥)를 얻기 위해서 돈은 반드시 필요하다. 돈이 무조건 많아야 한다는 것이 아니다. 진정한 부자란 더 많은 돈의 필요성을 느끼지 못하는 사람이다. 돈이 많아도 돈이 더 필요하다고 느끼는 사람은 아직 가난한 것이다. 돈이 없어 4개의 기둥(육체적, 정신적, 시간적, 관계적 건강)이 흔들리지 않을 적당한 돈이 늘 들어오는 건강한 재무 시스템을 갖추어야 한다는 것이다. 이 책에서는 바로 그 건강한 재무 시스템을 만드는 방법을 알려 줄 것이다.

2. 얼마면 돼? 얼마면 되겠어?

드라마 「가을동화」에서 나온 원빈의 명대사이다. 이 질문을 우리 인생에 적용해 보자. 과연 우리 인생에 얼마의 돈이 필요할까? 얼마가 있어야 남은 우리 인생을 돈 걱정 없이 살 수 있을까? 이 글을 읽는 독자분도 한번 생각해 보시기 바란다. 1억? 5억? 이렇게 대답하신 분은 돈에 대한 '개념'이 조금 부족하신 분이다. 혹시 "많이!"라고 답하셨는가? 실제 강단에서 이런 질문을 해 보면 가장 많이 듣는 답이기도 하다. '많이'라고 답하시는 분이 진짜 '많이' 있다. 그러나 이렇게 답하신 분은 돈에 대한 '생각'이 없으신 분이다. 이런 분들을 위해서 47세에 직장을 은퇴한 한 남성의 실례를 통해 우리가 직장 생활을 통해 인생의 전반기(50세 전)에 과연 얼마를 벌며 얼마를 쓰고 사는지 확인해 보겠다.

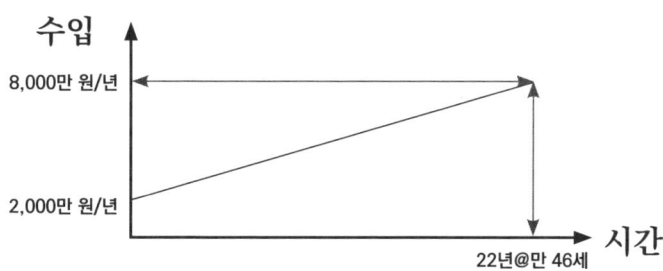

22년간 총수익 = (2,000+8,000)/2*22=11억 원
22년간 만든 자산 = 4억 원
22년간 경비 = 11억 원-4억 원 = 7억
연간 경비 - 7억/22년 – 3천 2백만 원/년 = 265만 원/월 = 9만 원/일
향후 경비 – 3천2백만 원/년*50년 = 16억 원 필요(**노후 자금 = 약 20억 필요**)
필요재취업근로기간 = 16억 원/8천만 원/년 = 20년(약 70세까지)

만 46세의 이분은 초봉 2천만 원에 직장 생활을 시작했고 22년간 근무했다. 퇴직 시 연봉은 8천만 원이고, 남은 자산은 4억 원이다.

- *총수입: (2,000만 원+8,000만 원)/2*22년 = 11억 원*
- *총비용: 11억 원-4억 원 = 7억 원*
- *연간 생활 비용: 7억 원/22년 = 약 3,200만 원/년*

이분의 경우 연간 3천2백만 원, 월간 265만 원, 하루에 약 9만 원으로 살고 있다는 것을 알 수 있다. 이분이 지금까지의 삶과 비슷한 생활을 계속 유지하면서 앞으로도 살아가려면, 250~300여 만 원의 수입을 죽는 그날까지 만들어 내야 한다. 또한 이분이 100살까지 약 50년을 더 산다고 가정하면, 총 16억 원(=3천2백만 원*50년)의 돈이 필요하다는 결론에 도달한다. 하지만 이는 어디까지나 22년간의 평균치이므로 물가 상승을 고려한다면 약 20억 원은 족히 필요하다는 것을 알 수 있다. 이 20억 원이라는 수치가 바로 "얼마면 돼?"라는 질문의 한 가지 답이 되는 것이다.

그렇다면 이 20억이라는 숙제를 어떻게 풀 수 있을까? 이분이 퇴사를 하지 않고 마지막 받던 연봉 8천만 원을 받으며 얼마나 더 일하면 될까? 20억/0.8억 = 25년을 더 일해야 한다. 정리하면 이분은 20억을 더 벌기 위해서는 봉급을 한 푼도 쓰지 않고 숨만 쉬면서 72세까지 직장에서 잘리지 않고 일을 해야만 가능하다. 이게 가능한가? 결론적으로 직장 하나로는 절대로 그 숙제를 완수할 수 없다는 얘기이다. 직장 수입은 매달 따박따박 월급을 주지만 인생의 절반만을 책임질 수 있는 '임시 수입'이다. 50세 근방에 찾아올 '수입 절벽'을 야기하는 수단임을 꼭 명심하고 대책을 준비하여야 한다. 그런데 왜 우리는 무덤덤한 것일까? 모르는 것인가? 아니면 애써 외면하는 것인가? 이젠 더 이상 외면해서는 안 된다. 객관적으로 지금의 나와 내 가정의 경제 상황을 계산해 보아야 한다. 바로 '현실 점검'을 하라는 것이다. 위에 예를 든 47세에 은퇴한 직장인은 바로 나의 이야기다. 그러기에 더 자신 있게 말할 수 있었던 것이다. 여러분도 더 이상 미루지 말고 내가 얼마를 벌고 얼마를 쓰며 살고 있는지? 혹시 마이너스 인생을 살고 있지는 않은지? 또 남은 인생엔 과연 "얼마면 돼?"는지 반드시 계산해 보시기 바란다. 돈을 걱정해야 한다. 그래야 행복을 지킬 수 있다.

3. 머니 트렌드와 구독 경제

좀 더 현실감이 느껴지도록 요즈음의 머니 트렌드를 얘기해 보자. 혹시 독자분 중에서 핸드폰을 일시불로 구매하신 분이 계신가? 아마도 드물 것이다. 월 10여 만 원씩 내는 통신 요금에 단말기 가격을 포함시켜서 2년 내지는 3년 약정으로 할부 구매를 하셨을 것이다. 어쩌면 그것이 할부 구매인지도 모르고 통신 요금인줄만 알고 매달 따박따박 할부금을 내고 계실 것이다.

어디 그뿐인가? 유튜브, 넷플릭스로 드라마와 영화를 보고, 멜론으로 음악을 듣고, 온라인 회의를 위해 줌(ZOOM)도 사용하고, 프리젠테이션 자료를 만들기 위해 Office365를 사용하고, 문서 편집을 위해 한글오피스, 그림 문서 편집을 위해 캔바나 미리캔버스, 영상 편집을 위해 키네마스터와 브루(Vrew)를 사용하는 등 수많은 온라인 유틸리티를 매달 요금을 내며 사용하고 있다. 이를 '구독 서비스'라고 한다.

심지어 친구에게 문자상 원활한 소통을 위해서는 카카오톡 이모티콘 구독 서비스를 유료로 사용하여야 한다. 이렇듯 우리는 구독 경제 속에서 살고 있다. 자기도 모르는 사이에 매달 수없이 많은 명분으로 돈이 빠져나가고 있는 것이다.

중산층이 몰락했다는 말이 있다. 이는 목돈을 가지고 있는 소비층이 없다는 것을 의미한다. 그래도 자본주의 사회에서 소비는 계속 이어져야 한다. 목돈이 없는 사람들의 지갑을 열려면 어떻게 해야 할까? 바로 가격을 잘게 쪼개어 지출을 느끼지 못하게 하는 것이다. 그것이 바로 할부와 구독 형태의 서비스가 늘어나는 이유이다. 목돈이 없기에 집은 월세가 늘어나고 있고 차는 할부 구매가 당연한 것으로 자리 잡고 있다. 그뿐인가 해외여행도 이제는 보편화되어 일 년에 한 번 정도는 다녀오는 것이 일상화되었다. 그 해외여행 비용은 목돈이 없으니 보통 신용 카드를 이용하여 12개월 할부로 결제하고 매달 일정 금액으로 갚아 나가는 것이 보통일 것이다. 이렇듯이 지금의 머니 트렌드는 이제 '구독 경제'로 정리된다.

모든 소비가 그 상품의 전체 가격이라기보다는 한 달에 얼마로 쪼개어 지출되는 구조인 것이다. 정수기 렌탈 서비스를 생각하면 더욱 이해가 빠를 것이다. 10억짜리 아파트를 월 100만 원의 월세로 살고, 4천만 원의 자동차는 월 40~50만 원, 해외여행비 월 20~30만 원, 통신비 약 10만 원 그 외 구독 경제 비용 10~20만 원… 이렇게 우리는 기본적으로 200~300여 만 원은 매달 먼저 지출되게 시스템화되어 있는 머니 트렌드의 세상에 살고 있는 것이다.

그러니 저축은 더욱 어려운 것이며 자칫하며 '마이너스 인생'을 살게 되기 쉬운 것이다. 지출은 안정적으로 따박따박 나가도록 구독 시스템화되어 있지만 소득은 오히려 불안정한 세상에서 살고 있다. 과연 우리의 삶을 안정적으로 만들 수입은 월 얼마로 잡아야 할까? 통계청의 자료에 의하면 50대의 월 지출 비용은 400여 만 원으로 나오고 있다. 여기에 비상 예비비를 포함한다면 매달 500만 원의 수익이 따박따박 들어오는 수익 시스템을 만들기 않으면 우리의 여생은 늘 불안하게 살게 될 것이다.

다시 정리한다. 20억 원의 목돈 혹은 월 500여 만 원의 수익 구조를 만드는 것이 우리의 여생의 과제인 것이다. "얼마면 돼?"라고 묻는다면 '20억 혹은 월 500'이라고 답하라.

4. 어떻게 하면 될까?

이제 인생 후반전을 위한 비용을 정확한 수치로 알게 되었다. 그럼 지금까지도 만들기 어려웠던 그 수익 구조를 앞으로 어떻게 만들 수 있을까? 우선 서적에서 몇 가지 해답을 찾아보자.

먼저 '차칸양' 선생님이 쓰신 『평범한 사람도 돈 걱정 없이 잘살고 싶다면 어떻게 살 것인가』라는 책을 소개한다. 이 책에서는 '경제 인문학(Humamomics)'이라는 단어를 소개한다. '인문학'은 '행복'을 추구하는 학문이다. 그 행복을 추구하기 위해서 이제는 반드시 '경제'의 개념이 접목되야 한다는 메시지를 주는 단어이다. 인체에 비유하자면 머리와 가슴이 '인문'이라면 소화 기관 내장이 있는 배가 '경영'이 될 것이며, 두 발이 열심히 뛰어 돈을 벌어 오기 때문에 '경제'가 되어 인문, 경영, 경제의 3가지 요소가 원활하게 유기적으로 구축되어 돌아갈 때 우리의 인체처럼 건강하고 행복한 삶을 완성할 수 있다는 것이다.

그리고 이 책에서는 '최경자'라는 단어가 소개된다. '최소한의 경제적 자유'라는 뜻으로 최소의 소비로 느낄 수 있는 행복의 수단, 즉 큰돈 들이는 해외여행보다 국내나 집 인근의 여행지를 선택한다거나, 외식 장소도 비싼 레스토랑보다 멋진 캠퍼스가 있는 인근 대학의 학생 식당에서 저렴한 음식으로 최대의 만족을 찾는 그런 가성비 높은 소비 생활을 하는 것을 말한다.

이런 '최경자'를 추구하여 세어 나가는 소비를 최소화한다면 65세 이후 연 3,000만 원 즉 월 250만 원 정도로 부부가 행복한 경제생활을 할 수 있다는 의견이다. 그 월 250만 원은 이렇게 만들어진다. 우선 그간 강제로 부어 온 '국민연금(공적 연금)'과 개인적으로 가입한 '개인연금' 상품으로 월 100만 원의 연금 소득이 확보된다. 그리고 퇴직금을 포함해 모아 놓은 종잣돈을 이용하여 분산 투자를 하고 정기적으로 리밸런싱함으로써 월 100만 원의 추가 금융 소득을 만들 수 있다는 의견이다. 그 자세한 방법은 차칸양 선생님의 책에서 직접 확인하시길 바란다. 그리고 나머지 월 50만 원의 소득은 본인이 평생 하고 싶은 일 혹은 아르바이트와 같은 소일거리로 충당하는 플랜이다.

또 다른 책을 소개한다. 이번에 '수희향' 선생님이 쓰신 『구본형 선생님께 배운 진짜 공부』라는 책이다. 이 책에서는 우리의 직업을 아래 3가지 일로 정의한다.

천직일: 돈이 되든 안 되든 내가 평생 즐겁게 할 수 있는 일
승부일: 좋아하는 일이 밥도 되는 일
주력일: 승부일로 밥벌이를 할 때까지 버티게 해 주는 일

평생 즐겁게 할 수 있는 '천직일'을 찾는 것이 최우선이고, 만약 그 천직일이 돈이 되지 않거나 생활비를 충당하기에 부족하다면 생활비를 충당하기 위해 하는 일, 즉 '주력일'을 추가로 하여야 한다는 것이다. 물론 천직일이 충분히 돈이 되어 주력일을 따로 하지 않아도 된다면 그 일은 금상첨화 '승부일'이 되는 것이다.

위의 두 도서의 메시지를 정리하자면, 행복한 인생의 후반전을 위해서는 첫째, 평생 즐겁게 할 수 있는 내가 진짜 좋아하는 일을 찾아야 한다. 둘째, 기꺼이 멀티잡(다양한 수익 구조)을 추구해야 한다. 셋째, 경제(금융) 공부를 꾸준히 하여 건실한 금융 소득 구조를 만들어야 한다.

이 중에서 특히 평생 즐겁게 할 수 있는 일을 찾아야 한다는 것은 나 자신을 찾아야 가능하며 나의 '자존감'을 지키며 진정한 내 인생을 살 수 있는 가장 중요한 포인트가 되는 것이다. 돈을 많이 벌든 적게 벌든 그 돈 뒤에 숨어 있는 *자존감*을 찾지 못하면 결국 허무하다. 돈 뒤에 숨은 자존감을 찾자. 그러기 위해서는 내가 누구인지 내가 진정 평생하고 싶은 일이 무엇인지 찾아야 한다.

돈 워리 비 해피(돈 Worry Be Happy!)/이영권

5. 돈 뒤에 숨은 자존감을 찾아라!

　과연 우리는 나 자신을 알고 있는가? 내가 좋아하는 것이 무엇인지 알고 있는가? 내가 무엇을 할 때 가장 행복한지 알고 있는가? 나는 어떤 인생을 살고 싶은지 알고 있는가? 사실 우리가 가장 모르는 것이 바로 '나 자신'일지 모른다. 내 자신을 모르면서 그저 생업을 한다는 이유로 주어진 일에 열심히만 살아오다가 어느 덧 '허무하다'는 생각이 들고 만다. '인생 뭐 다 그렇지!'라며 기울이는 소주잔으로 자위하기엔 내 인생이 너무 아깝다는 생각이 든다.

　필자는 『자잘하게 살지말고 잘 사는 법』이라는 저서에서 잘 살지 못하는 삶을 '내가 내 미래를 선택하지 못하고 남의 선택에 의해 내 인생이 좌우되는 삶을 자잘한 삶'이라고 정의했다. 그 이유는 내가 내 인생을 선택하지 않고 부모의 말에, 지인의 말에, 또는 선생님의 말에 따라 수동적으로 살아가기 때문이다. 행복하려면 내 인생의 주인공이 되어야 한다. 내가 좋아하는 것이 뭔지 알고 내 자아를 사랑하며 내 일생의 주체가 되어 살아야 자존감이 생기는 것이다.

　내가 삼성전자에 다닌다고 치자. 우리는 이렇게 자기소개를 한다. "삼성전자의 이영권 부장입니다." 그러나 이건 잘못된 소개다. "여기는 이영권이 부장직을 맡고 있는 삼성전자입니다."라고 해야 맞다고 본다. 삼성전자는 내가 하루 24시간 중에서 8시간을 할애하여 55세까지 나의 대부분의 생활비를 벌 수단으로 내가 '삼성전자'를 선택한 것이지 내가 곧 삼성전자인 것이 아니다. 삼성전자가 나를 채용한 것이 아니라 내가 삼성전자를 수익의 도구로 한시적으로 선택한 것이다. 이렇게 생각을 올바르게 바꾸고 보면 이제 많은 가능성이 보일 것이다. 퇴근 후에 나의 미래를 위해 무엇을 해야 할지 생각할 수 있는 생각의 룸이 생긴다. 금융 공부를 하여 추가 소득과 자산 관리를 익히고 독서를 하여 나 자신의 인문학적 성장을 이룰 수 있는 용기를 가지게 될 것이다. 같은 월급을 받아도 그 월급으로 나의 '자존심'을 세우려 하지 말고 그 돈 뒤에 숨은 나의 '자존감'을 찾을 수 있을 것이다. 돈의 금액보다는 그 돈의 의미를 내가 정의할 수 있을 때 비로소 자존감을 찾고 행복한 나의 미래를 설계할 수 있게 되는 것이다.

6. 부자들의 은퇴 포트폴리오

앞에서 경제인문학 도서를 통해서 답을 찾아보았다면 이번엔 부자들은 과연 어떻게 돈을 벌고 있는지 알아보자. 예상했겠지만 부자들도 우리와 크게 다르지는 않다. 부동산과 금융 자산(은행&보험)과 투자 자산(주식&채권)에 투자한다. 하지만 그 관점이 크게 다르다.

부동산. 우리는 부동산하면 대부분 아파트를 떠올릴 것이다. 실제로 대부분 아파트를 소유하고 있을 것이다. 4억에 산 아파트가 10억으로 오르기를 기대하며 분양을 받았을 것이다. 즉 우리의 부동산 투자의 목적은 '시세 차액'이다. 그러나 부자들의 부동산 투자의 제1목적은 '시세 차액'보다도 구매 즉시 매달 들어올 '임대 소득'이다. 우리는 아파트에 투자하고 대출 이자와 세금과 관리비 등 매달 비용을 지불하고 있을 때 그들은 매달 따박따박 임대 소득을 현금으로 받고 있다.

금융 자산. 돈이 생기면 우리는 은행에 넣어 둔다. 조금 여유가 있으면 적금이나 예금에 넣어 두고 원금 보장에 이자까지 받으니 돈을 잘 지키고 있다고 생각한다. 그러나 이것은 착각이다. 자본주의 사회에서 돈의 가치는 복리로 떨어지고 있다. 그 주범은 물가이다. 물가는 복리로 오르고 있다. 참고로 코로나 직전 15년간의 평균 물가 상승율은 3.5%이다. 그러나 그 시절 은행 예금 금리는 2% 미만이었다. 코로나 이후 세계 금리가 많이 올랐지만 결코 물가 상승률보다 높은 예금 금리 상품은 존재하지 않았으며 앞으로도 없을 것이다. 즉 은행에 돈을 오래 넣어 두면 돈을 지키는 것이 아니라 물가 상승율과 예금 금리의 차이만큼 돈을 잃고 있는 것이다. 그래서 부자들은 금융 자산도 연금의 형태로 매달 현금화가 가능한 상품에 가입한다. 즉 물가보다 훨씬 높은 이윤을 주는 배당형 장기 소득 보험 상품에 투자하여 연금 소득을 받고 있다.

투자 자산. 투자하면 주식을 떠올리는 이들이 많다. 그러나 주식 투자의 근본적인 의미를 잘 알고 투자하는 이는 적은 것 같다. 근무 중에도 틈틈이 하루 종일 주가 오르내리는 것을 쳐다보며 상한가 또는 '따상'을 꿈꾸는 것이 주식 투자라고 생각하는 이가 많다. 주식을 산다는 것은 그 회사에 투자하는 것으로 그 회사의 전망이 좋으니 내 돈을 투자금으로 하여 경영 활동을 하여 경상 이익을 내고 그 이익금을 배당금의 형태로 나에게 나누어 줄 것을 기대하고 투자하는 것이 주식 투자의 본목적이다. 그래서 부자들은 연 2회에서 4회의 주기로 받게 되는 그 배당금을 받기 위해서 주식에 투자한다. 실제로 미국의 기업들 중에서 50년 100년 이런 오랜 기간 동안 계속적으로 흑자를 내어 배당금을 빠짐없이 주고 있는 기업들이 많다. 그러나 우리는 배당금 받으러 주식 산다는 이는 찾아보기 힘들 정도로 극히 적다. 어쩌면 우리는 '투자'의 목적이라기보다는 합법화된 '투기'의 마음으로 주식 투자를 하고 있다고 보아야 할 것이다.

이렇게 부자들은 부동산 자산이든 금융 자산이든 투자 자산이든 *'매달 현금의 형태로 들어오는 소득'*을 목적으로 투자한다는 것이 우리와 크게 다른 점이다. 이렇게 매달 들어오는 현금 소득은 월급과 같은 노동 소득과는 달라서 우리가 일을 하지 않아도 돈이 스스로 일을 하여 내 계좌에 현금을 자동으로 꽂아 주는 특성이 있다. 워런 버핏이 "내가 자고 있는 동안에도 소득이 생기지 않는다면 당신은 평생 노동을 해야 할 것이다."라고 말한 것과 일맥상통하다.

그리고 부자들은 리스크 관리에도 철저하다. 시황을 이기는 금융 상품은 없다고 한다. 하지만 세계의 시황이 무너지더라도 유일하게 오르는 것이 있다. 그것이 바로 원/달러 환율이다. 즉 달러로 투자한 주식은 경제 위기로 주가가 떨어져도 환율이 오르기에 손절 시 한화가는 주가 손실분을 헷지하는 효과가 있다. 그래서 부자들은 리스크 헷지를 위해서 기축 통화인 달러 자산의 형태를 선호한다.

7. 복리의 위력

저서와 부자들에게서 여러 가지 솔루션과 해답을 찾아보았다. 그러나 여전히 머리만 복잡할 뿐, 보일 듯 말 듯 보이지 않는 뿌연 안갯길을 걷고 있는 기분이 들지 모르겠다.

그래서 지금부터는 필자가 찾아 놓은 솔루션을 한 가지 공개한다. 그 핵심은 '복리'이다. 앞서 설명한 우리들의 소득은 대부분 단리 소득이다. 매달 일하고 받는 봉급, 열심히 치킨 튀겨 팔고 남은 자영업 소득, 자투리 시간 활용하여 받은 대리 운전이나 배달 추가 소득 등이 소득들은 내가 일하지 않으면 다시 소득이 '0'이 되는 '임시 소득'들이다. 일을 더 많이 하면 그만큼만 소득이 비례해서 늘어나는 '단리 소득'인 것이다. 그럼 '복리 소득'을 만드는 것은 무엇일까? 바로 '자산 소득'이다. 부자들이 한다는 바로 그 자산 소득! '시스템'을 구축하여 그 시스템 자산이 돈을 벌어 주는 '사업 소득' 그리고 투자를 하여 돈이 돈을 벌어다 주는 '투자 소득' 등이 자산 소득에 해당한다.

그럼 우리는 어떻게 하면 그 복리의 자산 소득을 만들 수 있을까? 나와 같이 협업할 인적 자산을 구축하여 사업 소득을 복리로 늘리는 방법과 노동 소득을 다양화하여 즉 멀티잡을 추구하여 소득을 최대화한 후 종잣돈을 만들어 그 종잣돈을 복리 시스템에 태워서 복리의 투자 소득을 만드는 것이다. 또는 이 둘을 병행해도 좋을 것이다.

[솔루션] 월 100만 원 저축으로 연금 소득 월 250만 원 만들기

우선 이 솔루션을 이해하려면 **'72법칙'**을 먼저 알아야 한다. 72법칙이란 '복리 상품의 원금이 2배가 되는 기간을 구하기 위한 것으로 '72'를 연 수익률로 나누면 그 숫자가 원금이 2배가 되는 기간이 되는 것이다. 예를 들어 7% 복리 상품이 있다면 72/7 = 약 10, 그래서 10년마다 원금이 2배가 되는 것이다. 7% 복리 상품에 1억을 넣었다면 10년 후 2억, 20년 후 4억, 30년 후 8억, 40년 후 16억이 되는 것이다. 앞에서 물가도 복리라고 설명했다. 코로나 직전의 평균 물가 상승율인 3.5%를 적용하면 72/3.5 = 약 20, 물가는 20년마다 2배가 된다. 이는 20년마다 돈의 가치가 반(50%)로 떨어지고 있다는 것이다. 20년 후에는 물가가 2배로 올라서 그때의 1억 원은 지금의 5,000만 원 수준의 가치밖에 되지 않는다는 것이다. 1983년에 자장면이 500원이었던 것이 2023년에 자장면이 8,000원인 것을 보면 이해가 될 것이다.

여기 30세의 한 직장인이 있다. 그는 미래를 위해서 한 달에 100만 원씩 10년간 적금을 들겠다는 목표를 세우고 허리띠를 졸라매고 이를 실천했다. 그럼 10년이 지난 40세에 이분은 얼마의 종잣돈을 모으게 될까? 100만 원*12개월*10년 = 1억2천만 원이다. 적금 이자도 고려해서 1억 2천5백만 원의 종잣돈을 모으게 된다. 이 종잣돈을 7%의 복리 상품에 넣었다. 그럼 50세엔 72법칙에 의해 원금의 2배인 2억 5천만 원이 된다. 10년이 더 지나 60세엔 2억 5천의 2배인 5억 원이 된다. 만약 70세까지 가면 5억의 2배인 10억이 된다. 어떤가? 월 100만 원으로 10억 만들기 플랜! 가능하다. 이것이 복리의 위력이다.

현실적으로 60세면 은퇴를 하게 될 가능성이 크다. 60세부터는 원금을 지키면서 수익금을 연금의 형태로 인출해 보자. 그럼 당시의 종자돈 5억의 7%를 받을 수 있으나 세금과 같은 변수가 있을 것이니 보수적으로 6%로 계산하면 연간 3,000만 원을 받을 수 있다. 이는 매월 250만 원의 연금을 받는 것과 같다. 그리고도 5억은 그대로 남아 있다. 그래서 매년 3천만 원씩 계속 받게 되며 이분이 100세까지 사신다고 가정하면 60세~100세 40년 동안 총 12억을 연금으로 받고 5억은 자식에게 물려줄 수 있다.

만약 70세부터 인출한다면 10억의 6%이므로 연 6천만 원 월 500만 원을 받게 되어, 앞에서 말한 "얼마면 돼?"에 대한 대답 20억 혹은 월 500만 원의 과제를 완성하게 된다. 30세에 월 200만 원을 저축해도 마찬가지로 60세부터 월 500만 원의 소득을 완성하게 된다.

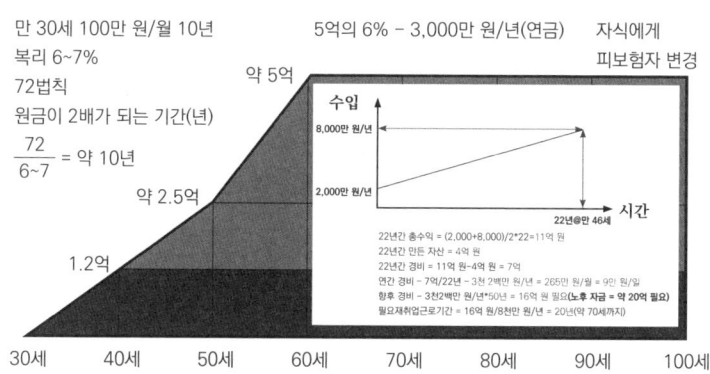

• 글을 마치며 •

"나 이영권은
나 자신을 찾고 나의 해냄을 바탕으로
보다 나은 삶을 살고 싶은 이들에게
실질적인 도움을 주기 위해 존재한다."

　필자의 인생 사명문이다. 독자들에게 실질적인 도움을 주려고 구체적인 숫자와 대안을 언급하다보니 혹시 잘못된 정보라고 지적을 받거나 오해를 살 수도 있겠다는 생각이 든다. 혹시라도 거슬리는 내용이 있다면 사과를 드린다. 제 인생 사명문처럼 내가 직접 고민해 보고 실행해 보고 확신이 선 내용만을 기재하였다. 50년가량을 믿고 살아온 생각의 패러다임을 바꾼다는 것은 결코 쉬운 일이 아니다. 하지만 우리의 수명이 늘어가는 속도만큼이나 이 세상은 너무나 빨리 변하고 있기에 어제엔 정답처럼 믿어지던 패러다임이 오늘은 오답으로 바뀔 수 있는 세상에 살고 있다. 당연했던 것이 당연하지 않게 되고 당연하지 않던 것이 당연해지는 이 세상에서 우리 가지고 있는 돈에 대한 생각도 달라져야 한다고 본다. 단순히 돈을 많이 벌어야 한다는 생각보다는 나의 인생을 위해 필요한 돈을 버는 것이다. 직업이 바로 나의 아이덴티티가 되는 것이 아니라 내가 하고픈 일을 평생하기 위해서 필요한 돈을 벌기 위한 도구로 내가 그 직장을 채용(선택)한 것이다. 내가 하고 싶은 것이 무엇인지 내가 살고픈 인생이 무엇인지를 먼저 찾아야만 내가 버는 돈 뒤에 숨어 있는 나의 자존감을 지킬 수 있다. 인생의 후반기를 살아가는 시점에서 무모한 투기를 할 수는 없습니다. 지금의 머니 트렌드에 맞게 매월 현금 수입이 꾸준히 발생될 수 있는 파이프라인을 가급적 많이 만들어야 한다. 그리고 그 파이프라인은 노동 수익과 같은 임시 수익만으로 구성되면 안 되며 다양한 복리 수익 포트폴리오를 이루며 구성되어야 할 것이다. 이렇게만 정리하면 독자들께서 감이 안 잡히실 수도 있을 것 같아서 후반부에 실질적인 솔루션을 한 가지 제시해 드렸으니 참고하시기 바란다. 책에 하지 못한 내용은 유튜브 채널 '잘사는TV'에 강의로 담아 두었으니 도움이 되시길 바란다.

"내 자신에게 당당할 수 있도록 돈을 걱정하세요!
그리고 행복해지시길 바랍니다.
돈 Worry Be Happy!"

부자가 되기에 아직 늦지 않았다

- 한숙희

한숙희

학력
- 인천박문여자고등학교 졸업
- 서울신학대학교 사회복지학과 졸업
- 이화여자대학교 사회복지대학원 졸업(석사)
- 한국방송통신대학교 관광학과 졸업
- 한국방송통신대학교 농학과 재학(4학년)

경력
- 전) 신나는 어린이집 원장
    - 인천광역시 동구의회 제7대 의원 역임
    - 인천광역자활센터 센터장
- 현) 일도재활관 관장

출간
- 『봉숭아학당에서 다시 피어나는 꽃』
- 『지구별 소풍과 귀천.(웰다잉 총서)』
- 『내면의 평화를 위한 화해와 용서』

나는 올해 환갑을 맞이했다. 옛날부터 인생은 60부터라고 했고, 무엇을 시작하기에 늦은 나이는 없다고 했다. 나도 그렇게 생각하고 있다. 고등학교 졸업하고 대학 진학을 하지 못했을 때는 가난한 부모님을 원망하며 슬퍼했지만, 『난장이가 쏘아올린 작은 공』을 읽고 우리가 가난한 것이 성실하게 열심히 살아오신 부모님의 책임만이 아니라고 느꼈을 때는 오히려 가난에서 벗어날 수 없을 것 같은 분노와 절망으로 죽고 싶었다.

시간이 흘러 대학을 가지 못한 책임이 내게 있다는 것을 자각하게 되었을 때, 내 인생의 권한도 내게 있다는 것을 깨닫게 되었다. 그때, 뒤늦게 대학 공부도 시작했고 새로운 꿈이 생기자 돈에 대한 관심도 갖게 되었다. 워낙 가진 것도 없었고, 가진 것에 비해 하고 싶은 것도 많았고, 돈이 생기면 돈이 들어갈 곳도 함께 생긴다는 말처럼 일도 많아서 아직까지 돈을 모으지는 못하고 살았다. 하지만 다행히 아직도 직장 생활을 하고 있고 이제는 아프지만 않으면 크게 돈 들어갈 곳이 없으니 지금부터 돈에 대한 관심을 가지고 공부를 다시 시작해 보자고 마음먹고 있을 때쯤 마침 돈에 대한 공저 의뢰가 와서 공부하는 기분으로 정리하며 글을 써 보았다.

1. 돈의 의미, 돈이 뭘까?

　돈(영어: money) 또는 금전(金錢)은 일반적인 유통 수단이다. 돈은 사물의 가치를 나타내며, 상품의 교환을 매개하고, 재산 축적의 대상으로도 사용하는 물건이다. 과거에는 돈 대신 조개껍데기, 짐승의 가죽, 보석, 옷감, 농산물 등을 이용하였으나, 현재는 금, 은, 동 따위의 금속이나 특수한 종이를 이용하여 만들며 그 크기나 모양, 액수 따위는 일정한 법률에 따라 정한다. 실제로, 경제생활에서는 화폐의 매개 작용을 해야 비로소 원하는 것을 얻을 수 있다.

2. 화폐의 기능

 화폐의 기능으로서 흔히 열거되는 것은 상품의 교환 가치(交換價値)의 척도, 상품 가격의 표준, 교환 수단, 지불 수단, 자본 이전 수단, 가치 저장 수단 등이다. 이러한 것 중 어느 기능을 화폐의 기본적 기능으로 인정하고 어느 기능을 가리켜 부수적 기능으로 인정하는가는 결국 화폐의 본질관에 의해 좌우되는 것이다. 즉 ① 화폐 상품설 내지 화폐금속주의의 입장을 취하면 교환 가치의 척도로서의 기능이 기본이 되고, ② 화폐 국정설 내지 화폐명목주의의 입장을 취하면 가격의 표준으로서의 기능이 첫째가 된다. ③ 더욱이 화폐 가치의 본질을 그 소재 가치(素材價値)로 보든지 유통 경제에서의 구매력 가치(購買力價値)로 보든지 간에 일반적 가치 척도(가격의 표준)라 생각하여 이를 화폐의 기본적 기능으로 간주하는 입장도 있다. 이상의 기본적 기능에 대해서 교환 수단, 가치 저장 수단, 지불 수단 등은 흔히 화폐의 파생적 내지는 부수적 기능 또는 구체적 기능이라고 주장하기도 한다. 이러한 각 기능은 상호 관련되어 있다고 생각된다.

1) 교환 수단으로서의 기능

 경제는 원시적인 물물 교환 즉 직접 교환의 경제에서 복잡한 간접 교환의 경제로 발전하는데 이때에 화폐가 교환을 매개(媒介)하여 물건과 화폐, 화폐와 물건과의 거래(去來) 즉 매매 거래(賣買去來)의 형태를 취하게 된다. 즉 화폐는 일반적인 교환 수단의 기능을 영위하게 된다. 화폐의 가치 척도 내지 계산 화폐로서의 기능이 전제되어 있음은 말할 것도 없다. 화폐가 교환 수단으로서의 기능을 다하면서 유통 경제를 관류(貫流)할 때에 거기에 산업적 매매 거래가 행해지며 이 경우의 화폐를 통화(通貨)라고 부른다.

2) 가격 표준으로서의 기능

상품의 교환 가치는 모두 화폐의 단위수(單位數)로 측정되어 가격으로서 표시된다. 이 경우 화폐는 가격을 표시하는 표준으로서 작용하고 있어 계산 화폐(計算貨幣)라고 할 수 있다. 가격의 표준으로서의 화폐 기능을 제1의적(第一義的)으로 생각하는 입장에서면 화폐는 그의 소재 가치(素材價値)에 관계없이 교환 계산의 기준으로서의 기능을 다하면 충분하며 화폐의 본질은 국가가 그 법적 통용력을 부여한 데에 있다고 생각할 수 있다. 이것이 화폐 국정설(貨幣國定說)의 입장이다.

3) 상품 교환 가치 척도로서의 기능

유통 경제에 있어서의 무수한 상품의 교환 가치는 화폐를 교환 가치 측정의 척도로 하여 비로소 서로 비교가 될 수가 있다. 그런데 화폐가 교환 가치의 척도로 기능을 다하기 위해서는 논리적으로 화폐 그 자체가 상품으로서 일정의 가치(素材價値)를 지니고 있어야 한다. 이것이 곧 화폐 상품설의 입장이다. 이 입장에 의하면 본위 화폐(本位貨幣) 즉 액면 가치와 소재 가치가 일치되어 있는 화폐만이 가치 척도 기능을 갖고 있는 것이 된다.

4) 가치 저장 수단으로서의 기능

　가치 저장의 수단으로서는 일반적으로 재화(財貨)도 이용되지만 화폐는 가장 가치가 안정적이며 또 보장에 편리하기 때문에 가치의 보장에 적합한 것이다. 화폐가 저장되는 것은 그것이 장래 교환 수단으로서의 기능을 예상하기 때문이며 교환 수단인 기능과 가치 저장 수단으로서의 기능을 수행하면서 유통 경제에 작용할 때에 거기에 금융적 대차 거래(貸借去來)가 행해지며 이 경우의 화폐를 자금(資金)이라 부른다.

5) 지불 수단으로서의 기능

　상품 매매 거래가 상품의 인도와 대금 결제를 분리시킨 형태로 행해지는 신용 거래까지 진전하게 되면 화폐는 교환 수단의 연장(延長)으로서 지불 수단으로서의 기능을 수행하는 것이 된다. 이 지불 수단으로서의 기능은 가치 저장 수단으로서의 기능에 의거하여 화폐가 저장됨으로써 비로소 나타나는 것으로 이런 면에서 볼 것 같으면 가치 저장으로서의 기능이 지불 수단으로서의 기능을 뒷받침하고 있다고 하겠다.

3. 화폐의 역사

화폐의 역사는 구체적인 상품 화폐의 생성에서 시작되어 점차 추상적인 신용 화폐로 발전하여 가는 과정이라고 할 수 있다.

1) 자연 화폐

원시적인 물물 교환 경제에 있어서는 가장 빈번히 교환되고, 더욱이 일반적인 수용성(受容性)이 인정될 수 있는 것이 자연 발생적으로 화폐의 기능을 수행하게 되었던 것이다. 화폐로 선정된 것은 시대와 지역에 따라 각각 다르나 역사적인 기록으로 남아 있는 것은 조개껍데기, 베와 비단, 가축, 피혁, 주옥, 소맥 등이 화폐적 상품이었다.

2) 금속 화폐

금·은은 가치가 높고 훼손·감멸이 적으며, 품질이 일정하고 또한 생산량이 비교적 안정되어 있으므로 그 지니고 있는 가치의 변동이 적으며 이러한 여러 이유에서 금속 화폐를 대표하기에 이르렀다.

3) 신용 화폐

금·은이 그 소재 가치에 의거하여 주조됨에 따라 본위 화폐의 기능을 보충하는 보조 화폐가 생겨났다. 즉 소액의 본위 화폐의 주조는 양이 적어지므로 기술적으로 곤란해져 그 결과 금·은 이외의 동(銅), 알미늄, 니켈, 주석 등의 소재가 선정되어 보조 화폐로 주조되었다. 이들은 본위 화폐와는 달리 소재 가치 이상의 액면 가치가 부여되어 있는 점에 특색이 있다.

본위 화폐의 대용물로서는 보조 화폐 외에 정부 지폐, 은행권, 어음, 수표가 있다. 이 중에서 정부 지폐란 정부 재정의 적자 보전(赤字補塡)을 목적으로 정부에 의해 발행된 유통 경제상 하등 실체가 없는 지폐인 것이다. 이에 대해서 은행권, 어음, 수표는 상품 거래를 밑바탕으로 하는 유통 경제상의 합리성을 갖고 있어 이 점에서 그 성격은 정부 지폐와는 큰 차이가 있다. 먼저, 어음은 신용 거래의 결제 수단으로서 발행된 소위 상인의 화폐라고 생각할 수 있다. 이 상인의 화폐인 어음이 신용력(信用力)이 월등히 높은 은행 신용에 의해 대체됨으로써 수표 또는 그 모체(母體)인 당좌 예금 및 은행권이 생산된다. 수표와 은행권의 구별은 그 채무자가 시중 금융 기관이냐 중앙은행이냐의 차이에서만 기인되는 것으로서 그 선택은 주로 사회적인 거래 관습에 기인하는 것이라 할 수 있다. 보조 화폐, 정부 지폐, 은행권, 수표(내지는 당좌 예금)는 다 같이 신용 화폐(信用貨幣)라 불린다.

우리의 살아가기 위해서 필요한 모든 것을 구하는데 필요한 돈에 대해서 특별하게 배워 본 기억이 없어서 글을 쓰기에 앞서 돈의 의미와 돈이 무엇인지를 이론적으로 한번 정리해 볼 필요가 있다고 생각해서 통화 수단으로서 화폐의 기능과 역사를 위키백과에서 인용 및 수정하여 정리해 보았다.

4. 돈을 벌어라, 무엇을 해서 벌까?

현대 사회에서 생활에 필요한 모든 것을 구하기 위해서 사용하는 돈은 어디서 구할까? 약간의 예외가 있기는 하지만 근로기준법에 의거하여 근로자로 소득 활동을 할 수 없는 15세까지는 가족으로부터 경제 활동에 도움을 받을 수밖에 없다. 하지만 15세가 넘으면 소득 활동을 할 수 있고 실제 많은 학생들이 아르바이트를 하면서 돈을 벌고 있다.

하지만 아르바이트는 일시적인 소득 활동이지 안정적인 직업으로서 직장 생활이라고 볼 수는 없을 것이다. 그렇다면 안정적인 직업을 가지고 직장 생활을 하거나 사업을 하기 위해서 먼저 무엇을 준비하고 어떻게 하면 좋을까?

첫 번째, 자신의 적성에 맞는 직업을 찾는 것이 중요하다. 고등학교를 진학하기 이전에 자신이 좋아하는 일은 무엇인지, 자신이 잘할 수 있는 일은 무엇인지를 찾는 진로 적성 검사를 통해서 자신의 적성을 확인하고 앞으로의 진로를 설정하고 그에 맞는 고등학교에 진학해야 할 것이다. 그렇게 해야 고등학교 시절의 공부가 대학을 진학하거나 고등학교를 졸업하고 바로 직업을 갖는데 모두 도움이 될 것이라고 본다. 직장을 옮기는 것은 쉽지만 직업을 바꾸기는 쉽지 않고 직업을 바꾸기 위해서는 꽤 오랜 시간이 소요되기 때문에 직업을 정하는 것은 매우 신중하게 결정해야 한다. 30대, 40대가 되어서도 제대로 된 직업을 갖지 못하고 직장을 구하려고 하는 사람들이나 40대, 50대에 전업을 해서 그동안의 경력을 인정받지 못한 채로 새로운 직장을 찾으려고 하는 사람들을 보면 아쉬움이 많다.

두 번째, 주된 소득 활동인 직장을 구하는 것이다. 이제는 사회 구조가 변화되고 직장인의 인식도 변해서 첫 직장에서 퇴직할 때까지 직장 생활을 하기란 쉽지 않고 그렇게 하려고 하는 사람도 많지 않다. 그렇다면 소득 활동의 주가 되는 직장은 어떻게 구하고 직장 생활은 어떻게 하는 것이 좋을까?

처음 시작하는 첫 직장에서 좋은 평가를 받아야 한다. 아무리 시대가 변했다 하더라도 근면 성실한 사람을 싫어하는 사람은 없다. 근면 성실하게 일하고 없어서는 안 되는 사람이 되어야 한다. 학교를 다닐 때는 성적이 자신을 평가해 주지만 직장 생활에서는 직장 동료와 직장 상사가 보고 말하는 것이 평가의 기준이 되고 그 평가가 그 직장을 그만둔 이후에도 자신을 따라다니기 때문이다. 직장 생활을 하지 않고 자기 사업을 한다면 더하다. 정글보다 더 심한 경쟁 사회에서 사업에 성공하고자 한다면 다른 사람과 같아서는 다른 사람보다 못하다는 신념으로 일해야만 살아남을 수 있다.

세 번째, 직장 생활을 해서 받는 근로 소득 이외에 소득 활동을 하는 것이다. 학교를 졸업하고 직장을 구하고 사업을 시작했다고 해서 끝이 아니다. 변화하는 사회에 대해서 끊임없이 공부하고 자신의 부가 가치를 높이고 소득을 높이기 위해서 공부해야 한다. 공부를 못하는 사람보다는 공부를 잘하는 사람에게 기회가 더 많다는 것은 학교 다니는 동안 충분히 경험했을 것이다. 돈을 버는 것도 돈을 버는 것에 관심을 가지고 지식과 정보의 확장을 위하여 공부하는 사람에게 돈을 벌 수 있는 기회가 더 많은 것은 분명한 사실이다. 사업을 하는 사람도 마찬가지다. 사업 소득 이외의 투자 소득이나 배당 소득 등으로 불안정한 소득을 보충할 수 있어야 한다.

돈은 벌 수 있을 때, 조금이라도 젊었을 때 벌 수 있는 만큼 벌어야 한다. 젊어 고생은 사서도 한다고 한 말처럼 돈을 벌었다가 다 날려 버리고 빈털터리가 되었다 해도 젊어서는 돈을 벌었던 경험이 남게 된다. 경험만큼 소중한 재산은 없다고 했으니 열심히 경험을 쌓아 가면 젊을 때 부지런히 돈을 벌기를 바란다. 노후에 돈을 벌기란 벌어 놓은 돈 없이는 너무 힘들다.

5. 돈을 모아라, 어떻게 모을까?

태어나면서부터 금수저를 물고 태어나 돈이 너무 많아서 돈을 모을 필요를 못 느끼는 사람이라면 돈을 모을 방법을 고민하지 않고 살아도 될 것이다. 하지만 그런 금수저가 아니라면 어떻게 하면 돈을 많이 모아서 일을 하지 않아도 되는 부자가 될까를 생각해 보지 않은 사람은 아마도 없을 것이다.

돈을 모으려면 어떻게 해야 할까?

첫 번째, 저축해야 한다. 수입이 얼마가 되든 버는 것보다는 적게 써야 하고 수입의 일부는 반드시 저축해야 한다. 사람들은 기본적으로 지금 당장 편하게 살기를 원하고 그렇기 때문에 저축은 너무 힘들고 낮은 이자와 인플레이션 때문에 저축하면 오히려 손해라는 이상한 핑계를 대기도 한다. 하지만 사람들은 수입이 아니라 저축을 통해서 부자가 되는 초석을 다진다. 세계적인 부자인 워렌 버핏도 신문 배달부터 시작하고 자신을 위해서 아무 것도 사지 않고 저축했다고 한다. 그에게 쓰기 위한 돈은 없었고 미래를 위해서 투자할 돈만 있었다고 한다. 그래서 자동차 없이 살았는데 자동차 값이 문제가 아니라 지금 자동차 값으로 써 버린 돈이 20년 뒤에 갖게 될 가치 때문이었다고 한다.

두 번째, 경제에 대해서 공부해야 한다. 저축을 해서 돈을 모으는 동안 경제에 관심을 가지고 미리 공부해 두야 한다. 경제 교육을 받고 공부를 해 둔 사람과 그렇지 않은 사람은 자세가 다를 것이다. 열심히 일해도 부자가 되지는 못하는 것은 공부를 열심히 하지 않고 경제적 흐름을 알지 못해 부자가 되는 길을 모르기 때문이다.

세 번째, 저축으로 모은 돈을 투자하는 것이다. 저축해서 모은 돈을 자본으로 투자를 통해서 증식시키는 것인데 자본의 증식에는 시간, 이자율, 투자액 이 세 가지 요소만이 중요하다. 시간은 빠를수록 좋다는 말이 있다. '시간은 돈'이라는 말은 '시간은 우리에게 돈을 가져다준다'라는 말로 바꾸어 볼 수도 있다. 그래서 어린 자녀를 위한 저축이 중요하다. 어린 자녀들을 위해 저축한 돈을 자본으로 조금이라도 높은 이자율을 찾아 투자하는 것은 10년 뒤, 20년 뒤 매우 큰 차이를 갖게 된다. 높은 이자율을 찾아 자본을 이동할 수 있어야 한다. 부동산에 투자하는 것도 방법이다. 부동산에 투자할 때에는 투기가 아니라 투자를 해야 한다는 것을 명심해야 한다.

신분 사회에서는 극히 일부를 제외하고는 부자가 될 수 있는 길 자체가 없었다. 자본주의 시대에 들어서서야 비로소 누구나 부자가 될 수 있는 길이 열렸다. 그것은 투자를 통한 자본 증식을 할 수 있는 기회가 주어지기 때문이다. 자본주의에는 자본이라는 단어가 들어 있다. 그러나 자본과 투자를 활용하지 않는 사람에게 자본주의는 아무런 의미가 없는 말이다. 자본주의는 돈을 잘 다루고 관리할 줄 아는 사람들에게만 유리하게 되어 있기 때문이다. 우리가 흔히 말하는 주식 투자는 자본 투자이고 자본 투자는 스스로 기업가가 되지 않고서도 기업 활동에 참여함으로 투자 수익을 얻을 수 있다.

이 글을 읽으시는 분들이 나에게 '왜 아직까지 부자가 되지 못했냐?'라고 물으실 수 있다. 내 대답은 '지금은 부자가 아니지만 앞으로 부자가 될 수 있다. 좀 늦었지만 아주 포기한 것은 아니니까.'이다. 그리고 아직은 돈을 벌고 있으니 저축하고 공부하면서 젊은 두 아들과 함께 노력해서 올해 태어난 손자는 부자로 만들어 주고 싶은 것이 이 글을 쓰는 목적이다.

6. 돈을 써라, 언제 어디에 어떻게 써야 할까?

앞서 돈의 의미 부분에서 '돈은 사물의 가치를 나타내며, 상품의 교환을 매개하고, 재산 축적의 대상으로도 사용하는 물건이다.'라고 했다. 물건 그 자체는 생명체가 아니다. 그러나 그 물건이 누구에 의해서 언제, 어디서, 어떻게 사용되느냐에 따라 그 용도와 의미는 너무 다를 것이다. 생명을 살리는 일까지도 할 수 있는 것이 돈이다. 궁극적으로 돈은 쓰기 위해서 돈을 벌고, 저축도 하고 투자도 하면서 더 많은 돈을 모으는 것이다. 열심히 일해서 돈을 벌고, 그렇게 번 돈을 모아 재산을 축척하는 데서 목적이 끝나 버린다면 사람은 돈을 버는 기계에 불과할 것이다.

그렇다면 돈은 언제 어디에 어떻게 써야 할까?

첫 번째, 소비를 위해 빚을 지면서까지 돈을 써서는 안 된다. 소비를 위한 돈은 빚이 없을 때 써야 된다. 빚을 지는 데에는 돈을 많이 벌고 적게 벌고와는 크게 상관이 없다. 돈을 많이 버는 사람도 버는 돈보다 쓰는 돈이 많으면 빚을 지게 된다. 빚을 지게 되면 돈에 대한 생각이 돈을 벌어서 빚을 갚는 데 멈추게 되고 돈의 개념이 부정적으로 형성되게 된다. 하지만 저축해서 돈을 모아 투자를 하고 여유가 생기면 돈에 대한 개념이 긍정적으로 형성되게 된다.

가난한 사람과 부자의 차이는 돈에 대한 개념이 다른 것에서 알 수 있다. 가난한 사람은 돈이 없어서, 돈 때문에 하고 싶은 욕구를 제한했던 경험이 많아 돈이 나쁜 것이라는 부정적인 개념을 갖게 된다. 그러나 돈이 많은 부자는 돈 덕분에 해 보고 싶은 것을 마음껏 누릴 수 있어 돈은 좋은 것이라는 긍정적인 개념을 갖게 된다. 빚을 지고 돈 문제로 곤란을 겪는 동안 돈은 필요 이상으로 중요한 것이 되어 버릴 수 있다. 소비를 위한 돈은 빚이 없을 때 써야 한다. 소비를 위한 빚은 의욕과 자신감을 떨어뜨린다.

두 번째, 돈은 균형 잡힌 삶을 위해서 써야 한다. 돈은 자신을 위해서, 타인과의 관계를 유지하기 위해서, 의미 있는 인생을 위해서 써야 할 것이다. 자신을 위해서 돈을 쓰는 것이 가장 큰 투자가 될 수 있다. 자신이 어떤 사람인지, 자신이 좋아하는 일은 무엇인지 생각해 보면서 자신이 가진 재능을 찾아내고 그 재능에서 능력을 끌어내기 위해서 돈을 써야 한다. 돈이 없어서 할 수 없이 일하는 것이 아니라 그 일을 좋아해서 일하게 될 때 더 많은 돈을 벌 수 있기 때문이다.

또한 타인과의 관계를 위해서 돈을 써야 한다. 좋은 인간관계는 수프에 소금을 치는 것과 같다. 좋은 인간관계를 유지하기 위해서는 마음과 시간, 돈이 필수적인 요소이다. 마음과 시간은 있는데 돈이 없으면 궁핍하고, 시간과 돈은 있는데 마음이 없으면 공허하고, 마음과 돈은 있는데 시간이 없으면 외로운 것이 인간관계이다. 그럼에도 불구하고 돈을 쓰지 않고는 좋은 인간관계를 유지하기 어렵다.

의미 있는 인생을 살기 위해 돈을 써야 한다. 인생의 의미는 자신이 정말 좋아하고, 자신의 능력에 맞는 일을 할 때 생각할 수 있게 되며 그 일이 다른 사람에게도 도움이 될 때 의미 있는 인생이라고 느끼게 된다. 돈 때문에 좋아하지도 않는 일을 하고, 잘하지도 못하는 일을 하면서 인생의 의미를 생각하기란 쉽지 않다. 어쩔 수 없는 상황에서 돈을 벌기 위해서 일을 할 수 밖에 없다면 아주 작은 돈이라도 타인에게 도움이 되는 의미 있는 곳에 쓰면서 인생의 의미를 찾고 의미 있는 인생으로 만들어 가는 것도 중요하다고 할 수 있겠다.

돈은 버는 것도 중요하고, 모으는 것도 중요하지만 돈을 버는 것과 모으는 것보다 더 중요한 것은 돈은 쓰는 것이다. 왜냐하면 돈을 벌기 전부터 돈을 쓰기 때문이다. 돈을 벌기 이전 부모에게 용돈을 받아서 돈을 쓸 때부터 자녀들에게 돈을 쓰는 법과 돈을 관리하는 법을 가르치는 것은 모든 부모들의 역할로서 매우 중요한 일이다.

7. 돈은 왜 돌고 돈다고 했을까?

 흔히 돈은 돌고 돌아서 돈이라고 했다는 말을 들어 보았을 것이다. 그러면 왜 그런 말이 나왔을까? 그 말의 의미를 깊게 생각해 보면 영원히 가난한 사람도 없고 영원히 부자인 사람도 없다는 의미가 아닐까? 하는 생각이 든다. 지구가 돌고 돌아 낮과 밤이 있고 봄 여름 가을 겨울이 있는 것처럼 돈도 어느 한곳에 멈춰 있지 않고 돌고 돌아서 다양한 변화를 일으키는 것을 의미하는 것 같다.

 지금이 가난하다고 해서 앞으로도 가난하게 살고 싶은 사람은 아무도 없을 것이다. 가난하게 살고 싶지 않다고 해서 모두 부자가 되지는 않는다. 가난하게 살고 싶지 않으면 부자가 되려고 해야 한다. 부자가 되려고 하는 사람에게만 부자가 될 기회가 주어진다. 마치 복권도 사는 사람이 당첨되는 것처럼.

 돌고 도는 돈을 어떻게 내 것으로 만들까?

 첫 번째, 돈이 없는 것에 대한 책임이 자신에게 있다는 것을 인정해야 한다. 다른 사람에게 책임을 전가하는 순간 핑계가 생기게 되고 권한도 그 사람에게 넘겨주게 된다. 가난한 부모에게서 태어난 것까지 책임져야 하는 것은 아니지만 자신의 환경이 가난한 것에 대해서 어떻게 대응하고 어떤 미래를 계획하느냐는 본인의 책임인 것이다. 다른 사람을 원망하고 탓하는 것은 아주 쉽다. 가난한 부모로 인해서 경제적으로 힘들고 어렵더라도 정작 문제가 되는 것은 '우리가 그것에 어떻게 대응하느냐'이다. 가난한 사람들 중에 부자가 된 사람도 많고 부모에게 많은 유산을 물려받았으나 빈털터리가 된 사람들도 많다.

두 번째, 계획을 세우고 실행해야 한다. 많은 사람들이 여름휴가 계획은 철저하게 세우면서 인생 전반에 대한 계획을 세우는 데는 소홀하다. 여름휴가처럼 인생 전반에 대한 계획을 세우기 위해서는 자신의 꿈과 목표, 가치를 충족시키는 전략이 있어야 한다. 가끔은 꿈이 없다고 하는 사람들을 만난다. 꿈은 그 생각만 해도 행복해지는 것이다. 자신에게 무엇을 하고 싶은지, 무엇을 갖고 싶은지, 무엇이 되고 싶은지 끊임없이 물어라. 충분한 시간과 돈이 주어진다면 무엇을 하고 싶은지를 생각해 보면서 꿈을 찾을 수도 있을 것이다. 이런 과정을 통해서 꿈을 이루기 위해서는 돈이 필요하다는 사실에 놀라게 될 것이다. 그렇게 찾은 꿈이 이루고 싶은 목표가 되었을 때 비로소 계획을 세울 수 있게 된다. 그 계획 안에 자연스럽게 필요한 돈을 무엇을 해서 벌고 어떻게 모을지가 들어가게 된다. 계획만 세우고 실행하지 않는다면 계획을 세우고도 떠나지 않은 여름휴가와 같다.

세 번째, 모델링이 필요하다. 계획을 세우고 실행하기 위해서는 성공 사례를 가진 사람의 모델링이 필요하다. 미운 오리 새끼가 자신이 오리가 아니라 백조라는 것을 알기 위해서는 오리들과는 다르게 생긴 자신의 생김새를 볼 수 있는 거울이 필요하고, 자신과 똑같은 모습을 가진 백조를 만나 보는 것이다.

네 번째, 미래의 가능성을 믿어라. 복권에 당첨되지 않으면 하루아침에 벼락부자가 되는 사람은 없다. 변화와 발전을 위해서는 시간이 필요하지만 우리는 미래를 알 수 없다. 그러나 미래를 상상하며 만들어 갈 수는 있다. 자신의 모델링이 되어 줄 누군가를 찾았다면 앞으로 누군가의 모델링이 되어 줄 수 있는 자신을 믿고 자신의 꿈을 실현시켜 줄 계획을 하나하나 실행에 옮겨 가면서 자신의 미래를 만들어 가면 될 것이다.

부자들의 주머니에서 멈춰 있지 않고 돌고 도는 돈을 잡을 수 있는 기회는 누구에게나 언제든지 주어진다. 다만 그 돈을 잡을 준비가 안 되어 있을 뿐이다.

청빈과 청부

- 이현준

이현준

이메일: leebear4@naver.com

학력
- 관광교육학 석사

경력
- 영화국제관광고등학교 교장
- 인천사립학교장회 회장
- 인천인재평생교육진흥원 운영위원장
- 인천관광협의회 상임부회장
- 인하대학교 총동문회 상임부회장
- 2023 인천코리아아트페스티벌 자문위원장
- 2023 인천아시아아트쇼 교육총괄 자문위원장
- 참살이미술관 명예 관장

1. 청년기까지의 가난이라는 경험은
   아픔이었는지, 선생이었는지

　나는 인천의 전도관 언덕 아래 외가댁에서 태어났다. 스무 살 약관의 나이에 가장이 된 아버지는 성실하였지만 인천에서도 가난하기로 유명한 109번지 달동네에서 단칸방 셋방살이를 벗어나기까지 내 나이 스무 살, 청년을 코앞에 둘 때까지라는 길고 긴 시간이 걸렸다.

　물론 단칸방의 셋방살이가 편하고 풍요로울 수 없지만 삼형제 아들들 기죽이지 않으려는 부모님의 헌신적인 삶 때문인지 가난을 크게 불편하게 생각하지 않고 살았던 것 같다. 학교를 다녀오면 엄마를 먼저 찾았다. 엄마는 내게 전지전능한 분이었다. 무엇을 물어도 답을 주셨고, 아플 때는 의사가 되어 주셨다. 나를 잘 아셨고 어린 내가 할 수 없는 모든 일을 해결해 주시는 그분에게서 나는 돈의 욕구를 해결하는 경험하기 시작하였다.

　바로 "엄마, 10원만"이었다. 어느 상황에서, 어떤 표정으로 졸라야 10원을 얻을 수 있는지도 알게 되면서 나의 경제생활은 시작된 것 같다. 10원이 주는 돈의 위력을 알기 시작했고, 어떻게 취득하며 소비하고 욕구를 충족하는지를 배워 나간 것이다.

우리 집이 가난하다고 인지하고 불편함을 느끼기 시작한 것은 고등학교 진학할 때까지 살았던 다섯 식구의 단칸방의 한계를 느끼면서부터였다. 하지만 엄마의 "우리 집이 있었으면 좋겠다."하는 한숨 섞인 푸념을 이해하고 함께 소원하였기에 그 가난은 당연한 삶으로 받아들였던 것 같다.

어린 시절 가난의 경험은 나에게 무엇을 주었을까 생각해 본다.

가난은 나에게 아픔을 주기보다 가르침을 주었다. 엄마의 셋방살이를 벗어나고 싶어 하는 탄식 소리는 나에게 절제의 힘과 바른길을 걷게 하는 선생이 되었다. 고등학교에 진학하면서부터 시작한 교회 생활은 성경에 나타난 청빈의 메시지들도 나에게 가난에 대한 태도에 영향을 주었다. 가난의 경험이 나에게 가난한 이의 마음을 이해하게 되었고 나의 진로에도 영향을 주었다.

2. 가난의 경험이 준 교직의 길

　1990년 영화여자상업고등학교(현, 영화국제관광고등학교)에서 한 달간의 교생 경험이 내 인생을 송두리째 바꿔 놓았다. 임시로 맡은 학급 학생들의 형편을 생활 지도 카드에서 알게 되면서 유난히 형편이 어려운 학생들이 많은 것을 외면할 수 없었다. 2년간 준비하던 취업의 길을 포기하는 데는 긴 시간이 걸리지 않았고 결국 나는 교직의 길을 걷겠다고 결심했다. 내가 어릴 적 경험한 가난의 그늘에 있는 아이들을 위해서 살겠다는 청년의 뜨거운 마음이 빠른 시간에 신념처럼 뿌리내렸는데 아마도 그것은 나의 가난한 삶의 경험이 이해하고 수용하는 데 큰 역할을 했던 것 같다.

　그 경험은 32년간 교직 생활을 되돌아보면 나의 교직 생활의 태도와 가치관에 많은 영향을 주었던 것 같다. 결국 어릴 적 나의 가난의 경험은 나에게 교직의 길을 열게 해 주고 32년간 교직 생활에 지대한 영향을 주었던 것이다.

3. 신앙생활이 준 청빈의 가치관

청년의 때에 대학을 중퇴하고 신학 대학을 가야 하는지 깊게 고민할 정도로 신앙생활에 심취해 있었다. 대학 교정에서 메모지와 펜만 있으면 성시(聖詩)를 작시하는 데 몰입하다가 강의 시간도 넘기길 여러 번이었다.

성경에서 돈과 재물에 대하여 이 땅에서 받는 하나님의 복의 상징으로 말씀하기도 하지만 돈과 재물이 일만 악의 뿌리라는 관점에서 언급된 말씀들이 나에게는 더 영향을 주었던 것이다. 재물을 탐하는 것이나 부를 추구하는 것이 신앙적으로 바람직하지 않게 보이며 청빈한 삶이 더 영적인 삶 같은 생각이 많았던 것 같다.

4. 청빈과 청부

청빈론은 하나님을 잘 믿는다면 가난할 수밖에 없다는 관점이다. 자본주의 사회에서는 청부론이 얘기하는 깨끗한 부자는 없다는 입장이다. 반대로 종교의 입장에서 청부론은 깨끗한 부자가 있을 수 있다는 관점으로, 부자가 되어야 한다는 관점보다 부자도 신실한 신앙인이 될 수 있다는 입장이다. 유대인의 청기기론와 유사한 논리로 부자는 자신의 부를 사회를 위해 사용해야 한다는 것이다.

2000년대 들어와 현대 교회에서는 청부론과 청빈론은 뜨겁게 논쟁거리가 되고 있다. 성경을 들여다보면 재물에 대해 청부론과 청빈론의 관점이 혼재되어 있음을 볼 수 있다. 재물을 하나님이 주시는 복으로 묘사하는가 하면, 부자들의 재물을 저주하는 부정적인 구절로 표현하기도 한다. 중요한 것은 우리가 처한 상황에 따라 청부론과 청빈론의 상반되는 관점의 성경 구절을 선택적으로 사용하며 자기주장의 근거로 삼는 우를 범할 때가 종종 있다는 것이다.

성경에서 얘기하는 청빈론적 관점의 성경 구절은 다음과 같다.

"돈을 사랑함이 일만 악의 뿌리가 되나니
이것을 탐내는 자들은 미혹을 받아 믿음에서 떠나
많은 근심으로써 자기를 찔렀도다."
(디모데전서 6장 10절)

"한 사람이 두 주인을 섬기지 못할 것이니
혹 이를 미워하고 저를 사랑하거나
혹 이를 중히 여기고 저를 경히 여김이라
너희가 하나님과 재물을 겸하여 섬기지 못하느니라."
(마태복음 6장 24절)

"너희를 위하여 보물을 땅에 쌓아 두지 말라
거기는 좀과 동록이 해하며 도둑이 구멍을 뚫고 도둑질하느니라.
오직 너희를 위하여 보물을 하늘에 쌓아 두라
거기는 좀이나 동록이 해하지 못하며
도둑이 구멍을 뚫지도 못하고 도둑질도 못하느니라.
네 보물 있는 그곳에는 네 마음도 있느니라."
(마태복음 6장 19~21절)

"그들에게 이르시되 삼가 모든 탐심을 물리치라
사람의 생명이 그 소유의 넉넉한 데 있지 아니하니라 하시고."
(누가복음 12장 15절)

반대로 성경에서 얘기하는 청부론적 관점의 성경 구절은 다음과 같다.

"나의 하나님이 그리스도 예수 안에서 영광 가운데
그 풍성한 대로 너희 모든 쓸 것을 채우시리라."
(빌립보서 4장 19절)

"네 하나님 여호와를 기억하라
그가 네게 재물 얻을 능력을 주셨음이라
이같이 하심은 네 조상들에게 맹세하신 언약을
오늘과 같이 이루려 하심이니라."
(신명기 8장 18절)

"은도 내 것이요 금도 내 것이라
만군의 여호와의 말이니라."
(학개 2장 8절)

"네 재물과 네 소산물의 처음 익은 열매로 여호와를 공경하라.
그리하면 네 창고가 가득히 차고
네 포도즙 틀에 새 포도즙이 넘치리라."
(잠언 3장 9~10절)

"하나님이 그들에게 복을 주시며 그들에게 이르시되
생육하고 번성하여 땅에 충만하라, 땅을 정복하라,
바다의 물고기와 하늘의 새와 땅에 움직이는
모든 생물을 다스리라 하시니라."
(창세기 1장 28절)

"여호와께서 나의 주인에게 크게 복을 주시어 창성하게 하시되
소와 양과 은금과 종들과 낙타와 나귀를 그에게 주셨고."
(창세기 24장 35절)

"부자의 재물은 그의 견고한 성이요
가난한 자의 궁핍은 그의 멸망이니라."
(잠언 10장 15절)

> "재물은 많은 친구를 더하게 하나
> 가난한즉 친구가 끊어지느니라."
> (잠언 19장 4절)

이와 같은 성경 구절을 근거로 "재물은 하나님의 뜻과 말씀대로 살면 받을 수 있는 은혜와 상급이다." 하는 청부론과, "부는 영적 타락을 가져오는 것이기에, 청빈하게 사는 것이 바람직하다."라는 청빈론의 목소리가 대립되어 이야기되고 있다.

"청부"와 "청빈" 중에 어느 것이 옳다, 그르다 할 수 없이 각각의 논리에 위험성과 단점이 있는 게 사실이다. 청빈론은 지나치게 금욕주의적이고 이상적으로 흘러갈 수 있다. 청교도 시절의 청빈 정신이 설득력 있던 시대적 상황은 생산물의 공급이 부족한 시대였기 때문에 가능한 이론이었지만, 현대의 공급이 넘치는 자본주의 체제하에 자발적인 가난의 길에 들어서는 것은 옳은 일이라고 말할 수 없는 것이다. 더군다나 청빈의 삶을 선택한 사람들이 부를 추구하는 사람들을 죄악시 여기는 것은 설득력을 가질 수 없는 논리적 한계가 있다.

청부론도 잘못하면 부에만 관심이 있고 부에 대한 책임, 즉 바르게 부를 얻어 내고 가난한 이웃의 몫을 남기는 깨끗한 부의 정신을 간과할 수 있다. 돈이 곧 행복이요 성공의 척도가 되어 부를 향한 욕망이 그 어느 시기보다 커진 현대 사회에서 청부론은 깨끗함을 가리고 부자가 되라는 말에만 집중하여 재물이 복이 아니라 재앙이 될 위험성도 가지고 있다.

자본주의 사회에서 올바른 물질관을 갖는 것은 개인의 삶을 건강하게 하는 것을 떠나서 이 사회를 건강하게 하는 길일 것이다. 깨끗함이 전제되어 있는 극단적인 청빈론과 청부론은 오히려 건강한 물질관의 오류와 혼란을 초래할 수 있기에 현실적이면서도 바른 물질관의 정립이 필요하다고 생각한다.

5. 돈과 행복

　돈을 싫어하거나, 돈이 없어도 살 수 있다고 생각하는 사람은 없을 것이다. 현대인들에게 돈은 행복과 성공과 권력과 명예를 모두 다 가질 수 있는 최고의 수단으로 여겨지고 있다. 돈이 인생의 전부이자 최종 목적지로 여기며 돈 되는 일에 절대적 가치를 두고 사는 세상이 되었다.

　돈과 우리의 삶은 떨어지려야 떨어질 수 없는 시대를 살면서 과연 돈이 좋은 것이기는 하지만 부자를 "잘사는 사람"이라고 말할 수는 없다. 돈이 없는 사람이 가난한 사람이라고 말할 수는 있어도 "못 사는 사람"이라고 말할 수는 없는 것이다. 돈은 우리에게 모든 것을 주는 것 같지만 19세기 노르웨이의 시인 아르네 가르보르그의 말처럼 우리에게 모든 것을 주지 않는다. 그는 "음식은 살 수 있지만 식욕은 살 수 없고, 약을 살 수 있지만 건강은 살 수 없고, 푹신한 침대는 살 수 있지만 잠은 살 수 없고, 지식은 살 수 있지만 지혜는 살 수 없고, 장신구는 살 수 있지만 아름다움은 살 수 없고 재미는 살 수 있지만 기쁨은 살 수 없고, 지인은 살 수 있지만 친구는 살 수 없고, 하인은 살 수 있지만 충직함은 살 수 없다."라고 하였다.

　돈은 우리에게 만족감을 줄 수 있다. 행복을 줄 수 있음은 부인하지 못할 일이다. 그러나 이 세상에서 영원한 만족, 만족의 끝은 존재하지 않기에 욕망이 충족되면 행복과 만족을 누리겠지만 오래 지나지 않아 그 만족과 행복은 내 곁을 머물지 않는 게 인생인 것이다.

6. 돈의 양면성

　성경 빌립보서 4장 12절에서 "비천에 처할 줄도 알고 풍부에 처할 줄도 알아"야 한다고 하였다. 행복은 돈의 많고 적음에서 결정되는 문제가 아니라는 것이다. 성경에서 돈을 일만 악의 뿌리인 것처럼 이야기하다가도 하나님이 주신 복으로 언급하는 것처럼 돈은 양면성이 있는 것이 사실이다. 돈이 없어도 삶의 위기를 만나지만 돈이 많을 때도 삶의 위기를 만날 수 있다.

　돈의 관념을 청부론과 청빈론으로 나누어 좋고 나쁜 것으로 정의하는 것보다 돈을 어떻게 벌고 사용하느냐에 관심을 가져야 한다. 청부론과 청빈론의 공통점은 "깨끗함"이다. 비천하여도 자족의 지혜가 있다면 그 삶은 행복한 삶일 것이다. 반대로 부하여도 깨끗하게 취하고 옳은 일에 사용한다면 그 삶 또한 행복한 삶이 될 것이다.

　돈은 좋은 것이다. 그럼에도 돈은 우리 삶에 복이 될 수 있고 재앙이 될 수 있는 양면성이 있다. 부정하게 얻을 수도 있지만 깨끗하게 얻을 수도 있다. 천박하게 사용할 수도 있지만 아름답게 사용할 수도 있는 게 돈이다. 돈은 우리 마음에 달려 있다. 탐심의 마음에는 돈은 부정한 돈이 될 것이고 오만한 마음에는 천박하게 사용될 것이다.

7. 돈의 중립성

돈은 육체적인 욕구를 설계하고 실현하는 가장 중요한 수단이다. 역사적으로 인류는 돈 때문에 흥하기도, 전쟁을 벌이기도 하였다. 돈은 요긴한 삶의 수단이지만 세상의 많은 범죄들이 돈이 없으므로 발생하는 경우들도 있다. 돈은 좋은 것이고 사랑할 만한 가치가 있는 것이지만 돈의 노예가 되어 산다면 돈은 우리에게 위협으로 다가올 수도 있는 것이다.

인간은 욕망에 따라 살아가는 본성이 있기에 그 욕망을 채우려는 조급함에 돈의 노예가 될 위험성이 있습니다. 우리는 돈의 중립적 가치를 잘 지켜 나가야 한다. 돈을 좋아하는 본성을 숨길 수 없다면 돈을 노예가 되지 말고 경계하는 마음을 가져야 돈은 우리에게 선한 도구가 될 것이다.

• 에필로그 •

임정희

    필자는 "진정한 행복은 있는 그대로 사랑받고 온전히 살아 있음을 느끼는 것."이라고 생각한다. 반면 사람들은 타인에게 잊혀지거나 고립었을 때 지푸라기라도 잡고 싶은 심정으로 돈과 물질적인 것에 의존한다. 부족한 것은 돈이 아니라 타인의 관심과 사랑인데도, 내가 관심을 가지고 집중하는 것이 내 행복을 결정한다. 잊지 말아야 할 것은 자신이 뭘 추구할 때 얻어지는 행복에 대해 이번 도서를 통해 스스로 성찰해 보는 계기가 되길 바란다.

남궁청완

    공수래공수거(空手來空手去).세상에서 가장 유명한 이야기다. 말하기 좋아하는 사람도 지식인을 자처하는 사람도 자주 쓰는 말이기도 하다. 하지만 이를 실현하기는 참 어려운 말 아닐까.
    돈이 어디서 왔는지 잘 알기에 개인보다는 공공의 것이 되어야 한다고 생각한다. 돈을 어떻게 버는가보다는 어떻게 쓰셨는지 현인들의 이야기를 남기고 싶었다. 아름다운 세상을 만드는 돈을 꿈꾸면서.

박송인

　돈에 대한 걱정을 저울의 한쪽에 놓고 인생의 다른 모든 걱정을 다른 한쪽에 놓으면 돈 걱정 쪽으로 저울이 기운다고 한다. 돈 때문에 겪어야만 했던 모든 일들이 스트레스로, 질병으로 연결된다면 너무 불행한 일이다. 돈에 대한 부정적인 시선이 있다면 이제부터 돈과 긍정적인 관계 맺기부터 하기를 권하고 싶다. 이 책이 돈에 대해 다시 돌아보게 만드는 계기가 되기를 희망한다.

이선희

　나는 어려운 가정 형편에서 자라 주경야독하며 참 어렵게 살아왔다. 하지만 힘들게 살았다고 환경을 탓하지 않았다. 주어진 환경에서 최선을 다하면 좋은 결과가 올 것이라는 생각을 하며 살았다. 그리고 돈을 많이 벌어 무엇을 하겠다는 생각은 하지 않았다. 그렇지만 교육자로서 교육이 백년지대계라는 생각은 하고 살았다. 그랬기에 내가 못한 일을 실행한 훌륭한 육영 사업가를 찾아 그를 기리고자 이 글을 썼으며, 이 글을 읽는 독자들도 그분들의 숭고한 뜻을 받들어 인류 사회에 이바지하길 바라는 마음이다.

정창교

　1961년 미국 펜실베이니아 로제토 마을에서 확인된 인간관계의 힘은 약이나 의사보다 사람이 낫다는 것을 증명하였다. 어느 날 이 마을에 성직자 한 명이 부임하면서 사람들은 자식들이 잘되기를 바라고 자신을 희생하였다. 새로운 생각을 가진 사람이 마을에 나타나면서 마을 공동체를 위해 포도 농사도 하고, 감자도 심고, 문화예술축제도 열었다. 자녀들에게 좋은 미래를 물려주기 위해 고된 노동만 하던 사람들이 연약한 이웃을 돌보며 삶의 만족도가 높아졌다. 그 결과 이 마을에서는 65세 이전에 스트레스를 받아 심장마비로 일찍 죽는 사례가 놀랍게도 사라졌다. 공동체의 연약한 사람을 돌보지 않고 각자도생하던 이웃 마을에서는 여전히 65세 이전에 스트레스를 받아 심장마비로 갑자기 죽는 사람이 발생하였다. 기가 막힐 노릇이었다. 자연사하는 것이 이렇게 어렵다니. 장애인을 비롯한 이주 여성 등 연약한 자를 돌볼 수 있는 공동체는 사회 복지가 없더라도 인간성을 회복한다. 자원봉사를 통한 좋은 관계를 맺고, 훌륭한 치료자의 역할을 얼마든지 할 수 있다. 60대가 이 일의 중심에 서야 한다.

김남선

　누군가가 내 마음을 읽어 주는 것만으로도 고마운데, 그것에 맞게 행동까지 이어진다면 그야말로 뜨거운 감동이다. 오늘이란 하루가 세상에서 가장 멋진 날, 사랑과 건강이 늘 함께하는 날이 되기를 바라고 기원한다. 항상 건강관리 잘하고 오늘도 상쾌한 마음으로 행복하고 기쁨과 즐거움이 가득한 하루가 되길 바라며 소중한 분들과 하루를 열어 갈 수 있음에 감사하다.

이영권

"어제 당연했던 것이 오늘은 당연하지 않은 세상이다. 오늘 당연하지 않은 것이 내일은 당연하게 다가올 것이다. 이런 세상일수록 '자신'을 찾아야 한다고 생각한다. 직업이 나의 아이덴티티가 아니다. 내 인생에 직업은 내가 선택한 '단수'일 뿐, 나의 전부가 아니다. 내가 버는 돈 뒤에 숨어 있는 나의 '자존감'을 찾지 못한다면, 돈을 아무리 많이 벌어도 허무할 뿐이다. 이제 돈을 당당히 걱정하라! 그리고 행복해져라! 그 솔루션을 전하고 싶다. "돈(Money) Worry! Be Happy!"

한숙희

빵만으로는 살 수 없으나 빵이 없이는 살 수 없는 삶 속에서 빵을 살 수 있는 소득 활동과 소득 활동을 할 수 없을 때를 대비하기 위한 재정 관리는 인생에서 가장 중요한 일임에도 불구하고 돈 이야기를 하면 뭔가 하층 동물인 것처럼 여겨질 때가 있다. 또 부자라고 하면 뭔가 부정적인 느낌을 먼저 갖게 되는데 부자보다는 가난한 사람이 많을 수밖에 없는 현실에서 가난한 것이 부끄러운 것이 아닌 것처럼 부자가 다 나쁜 것도 아니라는 사실을 인정해야 할 것 같다. 잘못된 경제 교육이 물질만능주의를 부추기고 부에 대한 부정적인 개념을 형성한 결과라고 한다면 이제부터는 올바른 경제 교육을 통하여 건전한 방법으로 부를 창출하고 함께 나누는 기부 문화가 정착되기를 바란다.

이현준

　현대 사회는 모든 사물과 삶의 가치를 명목 화폐의 가치로 표시할 수 있는 돈으로 인정하는 시대가 되었다. 그 속성과 실질 가치를 후순위로 두다 보니 바람직하지 않은 것도 돈만 되면 따라가는 세상처럼 보인다. 나 자신도 자족하며 사는 삶의 지혜를 잃어버려, 가졌어도 늘 궁핍하게 사는 마음의 가난을 발견하며 안타까운 심정으로 글을 쓴다. 비천에 처하여도, 풍부에 처하여도 행복한 세상을 꿈꿔 본다.